SEM TEMPO PRA NADA

SEM TEMPO PRA NADA

VENCENDO A EPIDEMIA DA FALTA DE TEMPO

Edward M. Hallowell

Tradução
Vera Whately

EDITORA
NOVA
FRONTEIRA

Título original: CRAZYBUSY

EDITORA NOVA FRONTEIRA S.A.
Rua Bambina, 25 – Botafogo – 22251-050
Rio de Janeiro – RJ – Brasil
Tel.: (21) 2131-1111 – Fax: (21) 2286-6755
http://www.novafronteira.com.br
e-mail: sac@novafronteira.com.br

CIP-Brasil. Catalogação-na-fonte
Sindicato Nacional dos Editores de Livros, RJ

H184s Hallowell, Edward M.
Sem tempo pra nada : vencendo a epidemia da falta de tempo / Edward M. Hallowell ; tradução Vera Whately. – Rio de Janeiro : Nova Fronteira, 2007

Tradução de: CrazyBusy
Apêndices
Inclui bibliografia
ISBN 978-85-209-1979-8

1. Administração do tempo. 2. Conduta. I. Título.

CDD 158.1
CDU 159.9:65.015.14

Para minha querida amiga e agente literária
Jill Kneerim, sempre sorridente e
com uma gargalhada confortadora.

E, como sempre, para Sue, Lucy, Jack e Tucker,
Eu amo muuuuuuuuuuuuuuuuito vocês.

Sumário

Parte Um

Superocupados e prestes a explodir

1

A estranha vida que levamos, ou a agonia de um telefone de disco

No verão passado, minha família alugou um chalé à beira de um lago onde o único telefone ainda era de disco. O chalé ficava tão isolado que o celular não funcionava, apenas o telefone preto jogado em cima de um gasto catálogo, colocado na ponta de uma mesa ao lado de um surrado sofá cor de pêssego.

Lembro a primeira vez que disquei naquele telefone. Era de manhã. Fui nadar um pouco para acordar, e na volta tomei uma xícara de café e me sentei no sofá a fim de ligar para um amigo. Queria saber se ele e os filhos gostariam de se encontrar comigo, meus filhos e minha mulher para assistirmos a um jogo de beisebol naquela noite. O telefonema não era urgente, não precisava me apressar.

Mas, quando comecei a discar, fiquei irritado e impaciente porque tinha de esperar que o disco do telefone fosse até o final e voltasse ao ponto de partida depois de cada número. Que lentidão! Além do mais, o aparelho fazia um barulhinho estridente quando recomeçava seu ciclo de discagem, como se fosse uma gaveta de metal enferrujada prendendo nos trilhos: 5... 4... 2... 6... Num telefone de teclas, eu apertaria o número inteiro no mesmo tempo que levei para discar apenas UM algarismo naquele treco obsoleto. Sem falar no tempo que teria poupado se pudesse usar o celular.

Quando consegui discar o número todo, depois de muito trabalho, eu estava irritadíssimo. Como alguém ainda podia usar um telefone tão lento? Não conseguia conter minha fúria. Que telefone idiota! Que coisa mais antiquada! Que besteira! Mas então caí na real. Quando meu amigo finalmente atendeu, falei com ele, desliguei e voltei a discar para cronometrar o tempo que levei: exatos 11 segundos. Como se minha vida estivesse em perigo, aqueles 11 segundos me aborreceram de forma fantástica. Que bobagem minha. Que homem moderno eu era. Fiquei envergonhado com minha impaciência automática. Eu tinha me transformado em um homem apressado, mesmo não precisando me apressar.

Com o correr dos dias fui mudando. Fiz as pazes com o antigo telefone de disco. Comecei a perceber o que ele podia me ensinar. O barulhinho que fazia não parecia mais uma gaveta emperrada, e sim um antigo moinho de vento, funcionando bravamente depois de todos esses anos. Passei a considerar aquele aparelho um sábio conselheiro instalado na ponta da mesa como um Buda, sugerindo que eu relaxasse e aproveitasse o verão enquanto estava ali, apreciando a infância dos meus filhos, o amadurecimento de meu casamento e os melhores anos da minha vida.

Muita gente descobre que vive com uma pressa que nunca pensou em ter, nem criou, ou pelo menos não teve intenção de criar. Se você vive mais ocupado do que nunca e não sabe se poderá manter esse ritmo por muito tempo, você não está sozinho. A maioria das pessoas fica ligeiramente perturbada quando percebe que nunca teve tanta coisa para fazer na vida — em tão pouco tempo.

Veja a transformação do nosso costumeiro cumprimento "como vai". Antigamente, a pergunta e a resposta eram: "Como vai?", "Bem". Hoje em dia, geralmente é: "Como vai?", "Ocupado", ou "Muito ocupado". Ou até mesmo: "Sem tempo pra nada."

Se você está fazendo algo do seu interesse, estar ocupado é uma bênção. Você encontrou o seu ritmo de vida. Nosso mundo está lotado de possibilidades, com uma energia que pode ser contagiosa. Se você pegar o vírus, vai pular da cama todo dia e começar a agir, não porque está atolado de coisas para fazer ou porque precisa ganhar muito dinheiro para sobreviver, mas porque está apaixonado por essa vida de correria. No mínimo, a vida moderna nos fascina, nos dá uma chance de fazer mais coisas em um minuto do que antes fazíamos em um mês.

Mas, se você vive tão ocupado a ponto de não ter tempo de fazer o que mais lhe interessa, ou se faz coisas que considera um pouco loucas, como ter raiva de um telefone de disco, viver ocupado pode estar sendo um problema. Este livro trata do problema e das formas de vencê-lo — de onde nasce essa vida estranha e como tirar proveito dela.

Para fazer esse mundo louco funcionar para você e não contra você, é preciso saber o que lhe interessa mais e concentrar sua atenção nisso. Antigamente, isso não era tão difícil quanto é hoje. A oferta não era muito ampla, e os ladrões do tempo, da atenção e da energia mental não eram tantos nem tão espertos como são agora. Esses ladrões nunca se deram tão bem quanto hoje. Se você não evitar seus truques, eles o farão viver cada vez mais depressa enquanto roubam cada vez mais seu tempo, atenção e energia, deixando-o com menos chance de fazer o que lhe dá prazer.

Viver superocupado pode parecer necessário e inevitável, mas pode também tornar-se um hábito tão enraizado que o leva a adiar ou eliminar de sua vida o que realmente lhe interessa e a tornar-se escravo de um estilo de vida que não lhe agrada, mas do qual não consegue escapar. Você pode viver tão ocupado que não terá tempo nem para decidir o que realmente lhe interessa, muito menos para fazer algo de seu interesse.

Esse estilo de vida foi criado aos poucos. Parecia a única forma de viver, o caminho do futuro. O que você poderia fazer? Ser um retrógrado e se recusar a comprar um celular? Não usar aparelhos sem fio? Não pôr seus filhos no futebol, no curso de guitarra e na aula particular para as provas finais da escola? Recusar-se a fazer mais uma dívida para uma semana extra de férias com a qual sua família estava contando? Dar festas de aniversários simples, como se fazia nas décadas de 1950 e 1960? Descobrir uma forma de viver com um só carro? Ou com dois? Negar-se a pagar um aparelho para os dentes da sua filha? Deixar seu jardim ser tomado pelo mato? Nunca reservar um pouco do seu tempo para a fundação de câncer que sua amiga está dirigindo? Bater o pé para não fazer o trabalho extra que seu chefe lhe pede após demitir metade da equipe? E se você for o próximo demitido?

Sem perceber as conseqüências por trás, e sem tomar uma decisão consciente, você logo descobre que entrou nesse tipo de vida com sua família. Aconteceu aos poucos, nos últimos cinco a dez anos. Se você soubesse naquela época o que sabe agora, talvez tivesse agido de forma diferente. Como a história dos sapos na água. Se jogarmos um sapo na água fervendo, ele vai tentar pular para fora. Mas, se o jogarmos num balde de água fria e esquentarmos a água aos poucos, o sapo acaba sendo cozido.

Alguém nos colocou num caldeirão de água na metade da década de 1990. Ainda não estamos cozidos, mas já podemos sentir o calor. Antes que a água ferva, talvez seja uma boa idéia pular fora. Não pular fora da vida moderna e se mudar para o meio do mato (embora lá também esteja cheio de turistas ocupados), mas controlar a temperatura a seu gosto em vez de deixar que algum *chef* diabólico controle por você.

O maior prejuízo para quem vive ocupado demais é não controlar a própria temperatura, não controlar a própria vida. Outros danos possíveis são o aumento do estresse, o desenvolvimento de doenças, a ocorrência de acidentes e erros, a atitude grosseira e a redução do nível geral de felicidade da população. Mas o pior de tudo é a pessoa não saber mais o que lhe interessa.

Viver ocupado demais é um problema persistente e incômodo, que está levando milhões de pessoas a se sentirem no meio de um enxame de mosquitos picando constantemente suas vidas. Por mais que gritem ou tentem matá-los, eles não vão embora. Essa pressa eterna atinge os melhores e mais brilhantes habitantes do mundo. Muitas pessoas inteligentes vivem ocupadas demais e lutam para encontrar uma forma melhor de viver e recuperar o controle de suas vidas. Minha intenção é analisar esse difícil problema, oferecer algumas soluções que possam funcionar para você e, mais importante ainda, ajudá-lo a criar suas próprias soluções.

2

Esse mundo com déficit de atenção: frenético, livre e descontrolado

Perturbados, girando no ar como folhas secas antes de uma grande tempestade, somos jogados de um lado para o outro por forças que criamos e não podemos mais controlar. O vento dá as regras, nos leva para onde sopra.

Ocupados. Com pressa. Ligados. Indo não se sabe aonde. Bem-vindos ao nosso mundo com déficit de atenção.

O mundo de hoje — com sua energia, excitação e excesso, com as novidades, velocidade, caos e confusão, com a torrente de informações, com o espírito criativo e o desrespeito às tradições, com a ênfase na capacidade de adaptação e no *agora,* com sua natureza em eterna mutação, com a irreverência e a incoerência — parece muito com outro mundo que conheço bem: o mundo do distúrbio de déficit de atenção, ou DDA.

O DDA é um problema médico no qual venho trabalhando nos últimos 25 anos, fazendo diagnósticos e acompanhando tratamentos. Considero o DDA uma metáfora da vida moderna, que nos oferece um modelo — e também uma orientação — para o tipo de vida que vivemos hoje e que nunca se viveu antes. Antes aplicáveis a relativamente poucas pessoas, os sintomas do DDA parecem descrever quase todos hoje.

Quem apresenta essa síndrome e não se trata vive com pressa, está sempre impaciente em todo lugar, adora velocidade, sente-se frustrado facilmente, perde a concentração no meio de uma tarefa ou conversa porque outros pensamentos lhe vêm à cabeça, tem uma enorme carga de energia — mas enfrenta dificuldade de prestar atenção a um assunto durante mais de alguns segundos —, fala depressa ou não encontra as palavras, tem idéias brilhantes mas não consegue executá-las, não completa o que está fazendo, desenvolve muitos projetos ao mesmo tempo — sempre adiados e nunca completados —, toma decisões impulsivas porque seu circuito cerebral está sobrecarregado, acha que poderia fazer muito mais se conseguisse organizar suas idéias, irrita-se facilmente quando interrompido, decide todo dia que fará melhor no dia seguinte, e em geral vive superocupado, mas não é produtivo.

Hoje, muita gente que *não* sofre de DDA *apresenta* muitos dos seus sintomas. É um problema grave da vida moderna.

As lições práticas que aprendi trabalhando no mundo do DDA podem ser vistas como lições sobre a forma de lidar com a vida moderna. Muitas aptidões e técnicas usadas para administrar o DDA se aplicam ao nosso mundo frenético e ajudam as pessoas a aproveitar suas oportunidades e a evitar os estranhos perigos da vida moderna. Embora viver hoje possa comparar-se a andar de bicicleta sem usar as mãos, enquanto lê um livro e faz malabarismo com seis ovos, não é preciso ser assim.

Quanta gente acha que não tem tempo para fazer as coisas que lhe interessam? Quanta gente vive apressada o dia inteiro? Todo mundo está tentando dominar sua própria vida, resgatar o tempo que lhe foi misteriosamente roubado e recuperar o controle do qual abriu mão sem perceber.

Por mais contraditório que pareça, foi em parte o desejo de controle que nos levou a perdê-lo. São muitas as contradições no nosso novo mundo atarefado. O controle é um deles. Ao tentar controlar a vida o máximo possível, você pode se atrapalhar e *perder* o controle ao longo do processo. Pode se sentir como uma lata rodeada de poderosos ímãs. Puxada de repente em todas as direções, a lata não chega a lugar algum e gira cada vez mais depressa.

Em parte, muita gente vive excessivamente ocupada porque se deixa atrair por cada ímã: junta informações demais, processa informações demais, se relaciona com pessoas demais, assume trabalhos demais — tudo porque sente que é assim que *deve* viver para se manter sob controle. Mas são seus ímãs que têm o controle. Damos tanta importância às nossas posses materiais, às notas dos nossos filhos e até mesmo a seus brinquedos, às nossas metas profissionais, à lavagem de roupa, à hora marcada no dentista, às últimas notícias e informações de especialistas, e até mesmo às nossas férias, que não nos sobra qualquer tempo livre, não temos tempo de fazer nada a não ser inspirar, expirar e sentir a terra debaixo dos pés. Poderíamos aprender uma lição com aquele antigo telefone de disco — não devemos trazer de volta os velhos tempos, mas impedir que os dias atuais nos roubem o que é bom.

A vida moderna nos leva a crer que podemos estar em qualquer lugar e fazer qualquer coisa, e nos dá ferramentas mágicas que aumentam essa ilusão. Só quando aceitamos que *não* podemos encontrar e controlar tudo é que finalmente desistimos de tentar. Então podemos nos livrar dos ímãs que nos rodeiam e a lata pode parar de girar, sem sair do lugar.

Quando paramos de atender a tudo e a todos, recuperamos o controle que podemos efetivamente exercer. Desistimos do controle total e usamos melhor o que temos. Entendemos as sábias palavras ditas por um rabino: "Felicidade não é ter o que queremos, mas querer o que temos." Nós controlamos demais a vida para apreciar o que temos. Só então chegamos a ter uma alegria real. Conforme disse Samuel Johnson há uns 250 anos:

"Os prazeres do deslumbramento imediato logo se acabam, e a cabeça só pode ficar tranqüila com a estabilidade da verdade." Contraditoriamente, no fundo dessa "estabilidade" está a aceitação da instabilidade, da mudança.

Essa não é apenas a sabedoria de um rabino anônimo ou de um filósofo do século XVIII. É também uma questão de bom senso. Grandes investidores não acompanham o desempenho de suas ações minuto a minuto, dia a dia, nem mesmo semana a semana. Escolhem as ações, esperam alguns anos e deixam a bolsa trabalhar. Passam o controle aos agentes que cuidam do investimento. E nunca estão ocupados demais para pensar.

É claro que muitas questões práticas mantêm as pessoas ocupadas, mas por trás delas há uma razão que a maioria das pessoas não admite nem ao menos reconhece. Em nível mais profundo — aquele que raramente pesquisamos —, vivemos ocupados para *evitar* olhar para o abismo.

Às vezes não dá para evitar — quando um jovem morre, um cara ruim se dá bem ou desaba uma tempestade —, mas na maior parte do tempo damos um jeito de não olhar nessa direção. Vivemos ocupados para nos consolar com os sentimentos de poder, produtividade e progresso. Alimentamos a ilusão de que podemos vencer a morte, que é o maior obstáculo ao nosso controle. Vivemos ocupados para nos afastar da perda, da tragédia e da dor. Vivemos ocupados para controlar tudo isso.

Naturalmente, a morte vence. Nem toda atividade do mundo pode trazer de volta uma pessoa que morreu. Essa é talvez a verdade mais dura que aprendemos. A aceitação da morte — não uma vida atribulada — nos leva a um lugar pacífico. Se aceitarmos que não temos controle total, se aceitarmos a morte, se aceitarmos nosso lugar na natureza, teremos uma vida mais completa e o máximo de controle possível.

3

A pressa, a enxurrada, a preocupação e o palavrório

São quatro as características principais da vida de hoje que roubam nossa atenção: a *pressa*, a *enxurrada*, a *preocupação* e o *palavrório* (que também inclui o *tumulto*). Cada uma delas pode desviar ou concentrar nossa atenção. Combinadas, podem roubar nossa atenção e nos deixar exaustos.

Por *pressa*, refiro-me à vida turbinada e veloz de hoje. Você já enviou uma carta escrita a mão, se levantou da cadeira para mudar o canal da televisão ou comprou um disco de vinil? Já escreveu com uma máquina de escrever? Já teve *pager*? Qual foi a última vez que usou um orelhão? Para a maioria das pessoas, tudo isso pertence a um passado muito distante.

Por *enxurrada*, refiro-me ao volume de informações que penetram em nosso cérebro como granizo que não derrete, granizo que devemos captar, organizar, compreender e atender todos os dias. Você já contou o número de mensagens que recebe e envia a cada dia, somando e-mail, correio de voz, SMS e mensagens que os outros recebem por você? Já pensou no número de informações às quais *poderia* ter acesso sempre que entra na internet? Já considerou quantas informações você realmente grava no cérebro consciente em comparação com o número que gostaria de gravar ou que os outros esperam que grave?

Nós já sabemos o significado da terceira qualidade mencionada da vida moderna — a *preocupação*. O que torna a preocupação curiosa hoje em dia é que ela é comum mesmo nas crianças, e pode ser perigosa e levar muita gente a ser vencida pelo medo. Além disso, a preocupação e a ansiedade sozinhas reduzem o foco mental e criam um estado de distração semelhante ao do DDA.

Por *palavrório* e seu irmão *tumulto*, refiro-me à enorme confusão de palavras, imagens, números, barulho e objetos físicos que passam por nós todo dia, como a Bolha assassina daquele filme de terror. Isso se vê na televisão, nos rádios, nas revistas, nos quadros de aviso, nos livros, na correspondência e nos materiais impressos que empilhamos com outras porcarias da vida moderna, como montanhas de pneus usados. As pilhas tombam em volta de nossas casas e sobre nossas mesas de trabalho, onde permanecem de forma ameaçadora, esperando um sinal para se organizarem e se juntarem em uma bolha gigantesca, do tamanho da Terra, como um tumor horrível e tão grande que poderá tirar o mundo da sua órbita.

Para vencer a bolha, você precisa ser mais seletivo que nunca. Precisa decidir o que lhe interessa e agir. Precisa vencer a pressa, a enxurrada de informações e todo o resto, ou será controlado por eles. Por mais difícil que pareça, cada característica da vida moderna pode ser uma aliada potencial quando usada para realizar o que lhe interessa. A *pressa* pode ser a conveniência e eficiência que a velocidade propõe. A *enxurrada* pode ser a megabiblioteca à qual todos nós temos acesso via internet, mesmo de casa, uma biblioteca muito maior que todas as outras. A *preocupação* usada com cautela é um sinal de advertência, uma vantagem de nossa capacidade de recordar e prever. A preocupação sensata é a chave do sucesso. Finalmente, o *palavrório* e o *tumulto* se tornam aliados quando aprendemos a mantê-los sob controle, extraindo da confusão apenas o que precisamos.

Mas quem tem tempo para descobrir como tornar essas forças suas aliadas? Você? O tempo nos pressiona tanto que ignorar essas forças parece a única estratégia possível. Quando acordamos, construímos o dia de hoje sobre o que ficou por fazer ontem somado às exigências previstas e imprevistas do hoje.

Um plano poderia ser útil, se formulado corretamente. O que eu ofereço não é um plano detalhado, cansativo, sem imaginação, mas um plano semelhante a placas de trânsito ao longo do caminho. Vire à esquerda, à direita. Não ultrapasse os cem quilômetros por hora se não quiser ser multado. Se não respeitar a placa de limite de velocidade, estará arriscando sua vida e a dos outros. Pare aqui se quiser evitar um acidente. Você pode ignorar todas as placas se preferir, a decisão é sua. Pode usar sua iniciativa e criatividade à vontade. Você constrói seu próprio caminho. Eu ofereço apenas a vantagem da minha experiência e a de outros de navegar nesse mundo imprevisível, semelhante a um mundo de DDA.

4

Em meio a um mar de incertezas

Nossos tempos estranhos parecem nos levar a uma incrível mudança de fase, comparável ao que ocorre com os elementos físicos quando atingem certa temperatura ou velocidade. Com que velocidade podemos seguir, quantas tarefas podemos cumprir até estarmos transformados? Seja qual for o nosso destino, nós iremos depressa.

Ouvimos falar em previsões, e ignoramos a maioria delas porque não sabemos o que fazer. Conhecemos os perigos que podem em breve mudar dramaticamente nossas vidas para pior — seja um desastre econômico devido à concorrência mundial e ao nosso próprio excesso de consumo, um desastre físico devido ao aquecimento global e ao nosso mau uso do planeta, uma doença endêmica em todo o planeta devido a um vírus resistente, ou um desastre político devido às grandes mudanças mundiais e nosso mau uso do poder.

Por outro lado, a vida hoje é boa sob tantos aspectos que nos sentimos abençoados mesmo quando nos preocupamos. Isso me faz lembrar como me sinto no final de uma grande festa especialmente maravilhosa. Gostaria que a festa não acabasse nunca, mas sei que o dia seguinte chegará, e sei o que me espera. Mas, quando a festa da vida moderna chega ao final, ninguém sabe como será o dia seguinte.

A vida hoje navega em um mar de incertezas. Sempre foi assim. Porém, boiando com um otimismo talvez irracional, trabalhamos mais que nunca, tentando nos agarrar ao que temos e fazer o melhor possível. Não há muita gente desistindo. Muito pelo contrário. A maioria das pessoas trabalha o máximo que pode. Através de um trabalho duro somado a um otimismo cego e decisões inteligentes, enfrentamos os desafios da vida de hoje.

Mas os desafios são mais estranhos e assustadores do que imaginamos. Por exemplo, quanto você realmente sabe sobre aquecimento global? Eu não sabia muito, mas, como queria conhecer a visão de um especialista sobre esse assunto importante, e para provar que o trabalho pode impedir que uma pessoa (eu) fique a par de assuntos que realmente interessam, telefonei para Jim Anderson, professor de química de Harvard e um dos maiores especialistas do mundo em clima. Ele me disse que não estava otimista (para não dizer morto de medo) depois que viu os últimos dados mostrando a calota de gelo polar já derretida. À medida que fomos entrando em detalhes terríveis, uma parte da minha cabeça que não agüenta mais ouvir falar de grandes desastres sem solução ficou adormecida. E o aquecimento global é apenas *um* dos vários desafios que enfrentamos. Outros são: a aids, as bactérias, os vírus resistentes e os desmatamentos. Uma dívida interna como nunca tivemos antes, além de uma China emergente e próspera. O inexplicável aumento dos casos de asma, autismo, alergias e síndrome de Asperger. O terrorismo.

O tema deste livro, o fato intrigante de as pessoas se tornarem extraordinariamente *ocupadas*, é menor que os grandes problemas sem solução, mas vale a pena falarmos sobre ele, nem que seja para não termos de nos concentrar nos grandes problemas. Além do mais, é um assunto mais próximo de nós.

E como esse mundo incerto ainda é desconhecido, tanto a nível macro (grandes problemas) quanto micro (trânsito, meias perdidas, que vitaminas tomar)! Cheio de energia, inacreditavelmente ocupado, veloz e cheio de perigos nunca imaginados — muito menos encontrados —, mas também repleto de novas oportunidades e excitação, instigado por acesso instantâneo a todos e a tudo o tempo todo, o mundo de hoje é um carnaval internacional, multilíngüe, multimodal, que evolui sem parar, ameaçando deixar milhões de pessoas para trás, mas também oferecendo uma chance para milhões de outras entrarem e trilharem seus caminhos pela primeira vez. Os mapas antigos, como muitas coisas que nos eram familiares, estão desaparecendo. Por todo lado que você olha — da física às amizades, da cosmologia às câmeras e computadores, do que nós e nossos filhos fazemos a como ficar de olho no que fazemos e como os outros ficam de olho em nós, do que seu patrão pode prometer ao que você pode esperar —, o que era familiar mudou. Ninguém sabe como será, onde se agarrar e o que rejeitar.

Embora os políticos e as autoridades ofereçam soluções fáceis para acalmar nossos nervos e nos tranqüilizar, as pessoas sensatas sabem que, neste mundo tão complexo e imprevisível, essas soluções simplistas deixarão todos perdidos, desapontados e mal preparados para prosperar no mundo do futuro, como se conseguissem guardar informações, mas não conseguissem pensar.

Os sensatos serão suficientemente humildes para ouvir os outros, suficientemente criativos para criar novas soluções para nossos novos problemas e suficientemente corajosos para arriscar diante da incerteza.

5

O mito e a realidade das multitarefas

Por "multitarefas" me refiro a atividades que levam as pessoas a acreditar que podem realizar duas ou mais tarefas ao mesmo tempo com a mesma eficiência. Para comprovar como esse conceito é falho, considere como você se comporta no carro quando se perde. Enquanto tenta encontrar seu destino, uma das primeiras coisas que faz é baixar o volume do rádio. Por quê? Para dar atenção exclusiva à tarefa de encontrar o seu caminho. A "tarefa" secundária — ouvir música — desvia a atenção da tarefa principal.

Ou então se imagine jogando tênis. Você bate na bola e imediatamente se apronta para a próxima raquetada. Seu foco se volta exclusivamente para a bola, e, quanto melhor jogar, mais concentrado você fica. Você põe toda a sua energia, experiência, instinto e pensamento em cada batida na bola, assim como na próxima raquetada e no que seu adversário fará. O jogo se torna mental e físico, uma espécie de xadrez humano.

Agora tente se imaginar jogando tênis com duas bolas. Você precisa cuidar das duas bolas, correndo pelo campo, vendo seu adversário fazer o mesmo e tentando freneticamente bater nas duas ao mesmo tempo. Não há como você jogar tão bem se há duas bolas na quadra.

Multitarefa é como jogar tênis com duas bolas, ou três, ou quatro. Algumas pessoas dizem que prestam mais atenção quando fazem várias coisas ao mesmo tempo. Quem realiza duas tarefas de uma só vez mostra que não estava completamente empenhado na primeira e precisou de duas tarefas para que sua adrenalina fluísse, aumentando o desempenho. Embora isso seja possível, faria mais sentido tentar se empenhar completamente na primeira tarefa.

Que a vida moderna nos força a realizar várias tarefas aparentemente de uma só vez pode até ser verdade. Mas desempenhar duas tarefas simultâneas tão bem quanto uma só é um mito. Tudo bem acreditar que ser multitarefa é necessário no mundo moderno, mas acreditar que essa condição substitui o foco único em uma só tarefa é errado.

Talvez seja interessante ou necessário fazer tarefas múltiplas: falar no telefone digitando um e-mail e lendo notícias na tela do computador, ou pôr roupas na secadora brincando com seu bebê e conversando com um corretor de imóveis no telefone. Porém, você não fará nenhuma dessas tarefas tão bem como se fizesse uma de cada vez.

A adrenalina da multitarefa talvez o ajude a curto prazo, mas não pode ser mantida. Além do mais, mesmo quando a adrenalina está no auge, seu desempenho em três tarefas simultâneas não será tão bom quanto em uma só.

A multitarefa pode lhe causar problemas quando as tarefas são importantes. Um amigo meu que é advogado me contou como fez uma transação extraordinária para si mesmo frente a vários adversários. Conseguiu concessões que nunca pensou que conseguiria. Quando se reuniram no ano seguinte para discutir o negócio, os adversários perguntaram como ele conseguiu convencê-los a aceitar aquela proposta tão ruim para eles. Meu amigo disse que dera atenção total à negociação, enquanto eles mexiam nos seus *laptops*. Aceitaram a proposta sem dar atenção total à atividade principal.

O tempo que você gasta em uma tarefa pode ser breve — digamos, um segundo ou um décimo de segundo — até mudar para outra, mas em nenhum momento você faz realmente tarefas múltiplas. Faz apenas uma série de tarefas em seqüência rápida, uma após a outra, várias vezes. Você pode conseguir ver quatro programas de televisão ao mesmo tempo, mas só porque é capaz de imaginar a parte que perdeu de cada um deles. Pode conseguir manter quatro conversas ao mesmo tempo, mas perderá necessariamente alguns detalhes de cada uma. Talvez seja capaz disso, mas nenhuma conversa receberá total atenção.

Se nada do que estiver fazendo exigir sua atenção total, você poderá realizar tarefas múltiplas. Mas lembre que talvez cometerá erros, perderá algumas informações, será grosseiro e não fará um ótimo trabalho.

Às vezes as pessoas têm que fazer tarefas tão monótonas que querem dar conta de todas em uma sucessão rápida para imprimir algum entusiasmo ao processo, como se jogar tênis com uma bola fosse muito chato, e (erroneamente) chamam o que fazem de multitarefas. Se seu adversário fosse inferior, poderia fazer sentido você bater em duas bolas e ele só em uma. Tudo bem, desde que nada do que você faça seja importante.

Mas algumas pessoas tentam jogar tênis com duas bolas em grandes partidas contra adversários fortes. Pessoas que querem trocar de uma tarefa para outra quando a primeira se torna difícil. Em vez de enfrentar a tarefa difícil, correndo para pegar a bola ou sentando para pensar no problema, simplesmente pulam para uma nova tarefa e sacam a segunda bola. No final do dia, fizeram vários trabalhos medíocres e perderam a partida.

Fazer multitarefas sem bom resultado é um erro comum que pessoas superocupadas cometem, torcendo para que tudo dê certo. Se a tarefa for importante, o melhor é dedicar atenção completa.

Há uma exceção. Você pode andar de bicicleta e pensar em física quântica ao mesmo tempo. Se for bom, pode andar de bicicleta e bater uma massa de bolo ao mesmo tempo. Isso porque você anda de bicicleta no piloto automático. Treina muito tempo na bicicleta até essa aptidão ser implantada no piloto automático do seu cérebro, o cerebelo (falaremos sobre isso mais tarde).

Se praticar bastante uma música no piano, você poderá tocá-la e ler um livro ao mesmo tempo. Mas perderá alguma coisa: a música provavelmente não será tão bem tocada. Os detalhes que tornam uma música bonita exigem atenção consciente, não apenas um piloto automático. Há uma energia, pouco compreendida, que só a atenção humana consciente pode transmitir. Por isso as interações humanas transmitem muito mais emoção que as eletrônicas.

Embora exista o que normalmente chamamos de multitarefa, a idéia de que ela é tão eficaz quanto uma tarefa única é errada. Quando você está fazendo algo importante, a multitarefa deve ser evitada. Pense nisso como jogar tênis com duas bolas.

6

Correndo para chegar lá: o exercício diário

Júlia olhou para a tela do computador e para o relógio em cima da mesa, e viu horrorizada que já eram 19h05. Devia estar em um jantar às 19h15, e, saindo do centro da cidade, isso seria impossível. Levaria provavelmente dez minutos só para chegar até seu carro.

Começou a ficar de cabeça quente. Uma sensação familiar, que indicava o início de uma correria louca que já era freqüente na sua vida diária. Freneticamente, digitou os números no seu celular, encheu a pasta com documentos do escritório como se fossem peças de roupa para lavar, colocou o celular no ouvido e saiu correndo para pegar o elevador.

— Ângela?

— Oi — veio a resposta.

— Graças a Deus você está aí. Você é minha salvação. Eu te amo. As crianças estão bem?

— Estão, dona Júlia, estão ótimas. Estão jantando agora. Queriam macarrão com queijo e eu fiz pra elas. Espero que a senhora não se incomode.

— Qualquer coisa que você fizer está ótima. Você é fabulosa. Estou atrasada para o jantar com o Pedro. Ele vai reclamar durante seis meses se eu não chegar logo. Reze por mim, Ângela.

— Pode deixar, dona Júlia. Vou rezar, mas não se preocupe. O seu Pedro vai compreender.

— Obrigada, Ângela. Você é uma bênção. Devemos chegar em casa lá pelas dez horas.

Assim que a porta do elevador abriu, Júlia percebeu que deixara a jaqueta pendurada no gancho da porta do escritório. As chaves do carro estavam *dentro da jaqueta*. Irritada, jogou a pasta ao lado da porta do elevador e voltou para o escritório correndo. Pegou a jaqueta, quase arrancando-a do gancho da porta e xingando baixinho, como sempre fazia quando estava começando a perder a cabeça.

Pegou o elevador, foi até o carro, deu ré, quase bateu em uma pilastra do estacionamento, desceu a rampa em espiral voando, pisou no freio para enfiar seu cartão na máquina que abria a cancela, acelerou, passou por um hospital e entrou na rua que a levaria até o restaurante. "Felizmente não havia jogo no estádio naquela noite", pensou.

Já próxima do lugar combinado, Júlia respirou fundo e, desviando os olhos rapidamente da estrada, ligou para o marido do celular, rezando para ele atender. Em geral ele deixava o celular no carro, se recusava a andar com o aparelho, pois não queria estar sempre acessível. Nenhuma resposta. "Droga", pensou. "Ele já deve estar no restaurante. Isso é demais. Não vou agüentar. Ele vai me olhar daquele jeito, como quem diz: 'Se você realmente quisesse chegar a tempo, chegaria. Eu não sou mais prioridade na sua vida como costumava ser.'"

Júlia estava desesperada de tanta ansiedade. Agarrando o volante com força até os nós dos dedos ficarem brancos, foi dizendo a si mesma: "Péssima esposa, péssima mãe, péssima mulher, egoísta, ruim, burra, feia, gorda..."

O fato de pesar sessenta quilos e ser muito atraente não fazia diferença quando ela chegava a esse estado. "Pelo menos eu tenho esse presente", pensou. Depois de dois drinques, entrego a caixa e voltamos para casa em paz. Ou divorciados.

Quando estava deixando o carro com o manobrista do estacionamento, abriu o porta-luvas para pegar o presente do marido. Não estava lá. Freneticamente, olhou no chão, no banco de trás, no painel, na bolsa, na pasta, jogando tudo em cima do banco. O presente não estava em lugar nenhum. Então se lembrou. Tinha deixado em casa, no balcão da cozinha, dizendo a si mesma que não podia esquecer enquanto subia as escadas correndo para pegar os ingressos que prometera levar para Daniel. Mas, depois que pegou os ingressos, desceu as escadas às pressas e saiu pela porta da cozinha. Entrou rápido no carro para não chegar atrasada no trabalho e esqueceu a caixa com o presente de Pedro.

Júlia olhou para o manobrista do estacionamento que assistia àquele pequeno drama. Olhava para a estranha pilha de coisas no banco do carona, retiradas da sua pasta e bolsa.

— Não pense que sou maluca. Por favor, leve o carro. Eu arrumo a bagunça quando voltar — disse ao homem.

Entregou as chaves e foi correndo pela rua até o restaurante onde se encontrara com Pedro pela primeira vez e onde ia jantar naquela noite.

Na porta do restaurante, fez uma pausa, ajeitou o cabelo, alisou a jaqueta e a saia e olhou o relógio: 19h45. Respirou fundo e soltou o ar, entrou no restaurante e começou a procurar o marido, imaginando que desculpa inventaria. Uma situação difícil e quase cômica.

Sem conseguir localizá-lo, perguntou onde o sr. Pedro estava sentado. Depois de correr o dedo pela lista de reservas, o recepcionista respondeu:

— Ele ainda não chegou. A senhora quer se sentar ou prefere esperá-lo aqui no bar?

— Graças a Deus ele não está aqui — disse Júlia em voz alta, deixando o recepcionista intrigado. — Mas tenho certeza que vai chegar daqui a pouco. Vou esperar no bar. Avise que estou aqui quando ele chegar.

— É claro — disse o homem, virando-se para receber outro casal.

Pedro chegou às oito horas, todo agitado, com desculpas saindo dos seus lábios como um drinque engolido depressa demais. Júlia ficou muito contente de ouvir aquelas palavras e aceitou as desculpas delicadamente.

— Compreendo, querido — disse num tom amoroso, dando-lhe um beijo no rosto e uma palmadinha no traseiro.

— Você não acreditaria... — começou ele.

— Acreditaria, sim — interrompeu Júlia, pondo um dedo nos lábios de Pedro. — Nossa vida é muito louca, não é?

— Que bom que você compreende — disse. — Achei que ficaria com raiva. Mas não consegui sair antes do escritório. Uma coisa levou à outra. Você não acreditaria...

— Nós estamos nessa juntos — disse Júlia. — Pode crer, eu compreendo. — O garçom apareceu e eles pediram dois drinques.

— Você precisa ouvir essa — começou Pedro, depois de pedir os drinques. — O Borges foi embora. É uma situação totalmente nova. Como se tivéssemos que começar tudo de novo. E tudo aquilo que eu estava tentando digerir nos últimos seis meses... adeus. *Kaput. Nyet.* Nada. Agora temos uma coisa chamada OMSIG, uma sigla para Oportunidade de Marketing no Sistema de Informação em Gestação. Ou seja, trata-se de algo sobre como as informações passam por um período de gestação, desde a concepção até o parto, e sobre como tirar vantagem desse sistema. Nenhum de nós tem idéia do que isso significa. Mas o sujeito que levaram para lá, e que inventou essa coisa toda, é um verdadeiro gênio. Estou lhe dizendo, Júlia, o homem é inteligentíssimo. Explicou a OMSIG para nós e é claro que eu não entendi, mas a única coisa que percebi é que a idéia é brilhante e inovadora. Sabe como se percebe esse tipo de coisa? — Júlia sorriu e fez que sim, aliviada por ter escapado de um desastre. — Bom, essa idéia vai revolucionar o mundo do marketing. Tenho certeza. E quero estar na linha de frente. Portanto, mais trabalho. Mais mudanças. Você está preocupada?

Júlia continuou a sorrir, e disse a verdade.

— Um pouco. E você?

— Também — admitiu ele. — Aliás, muito. Mas isso pode ser algo grande, Júlia. E é claro que algumas coisas ainda não estão ao meu alcance fazer porque há coisas demais. A vida anda meio estranha atualmente.

A vida *é* meio estranha atualmente. Não fazer nada é uma arte perdida. É tão grande a nossa pressa e necessidade de estímulo que uma conversa romântica moderna poderia ser assim:

— Eu te amo.

— Que bom. Qual é o próximo assunto?

Todos vivem ocupados assim (em geral), não porque queiram ou tenham planejado, mas porque não encontram outra forma de viver. Estar sempre extraordinariamente ocupado — às vezes de forma frenética — parece uma conseqüência inevitável e incontrolável da vida de hoje. Se ficar mais ocupado do que se desejaria for o preço a pagar, que seja. Afinal, a vida moderna vale a pena. A vida nunca foi tão excitante.

Mas, se não tivermos cuidado, ficaremos tão ocupados que não teremos tempo nem para pensar nem para sentir. Não teremos o tempo necessário para completar um pensamento, desenvolver uma conversa ou refletir sobre nossas emoções.

Isso já está acontecendo. O tempo de atenção de todos está encolhendo porque nossa atenção tem mais alvos possíveis que nunca, e os ladrões tentam roubar essa atenção sem podermos nos defender. Muita gente carrega um botão invisível no cérebro que muda estações sempre que uma conversa, um projeto, pensamento ou evento leva muito tempo ou fica meio chato. Não que as pessoas queiram ser rudes, temos é muita coisa para fazer em pouco tempo. Ninguém pára diante de nada, como se todos sofressem de DDA, o distúrbio de déficit de atenção.

Estamos sempre tão ocupados que podemos não dar atenção às várias oportunidades inesperadas que surgem. Quando se trata de tecnologia, somos como jovens que acabaram de tirar carteira de motorista e querem dirigir o tempo todo, mesmo não tendo um destino em mente, só para desfrutar a liberdade recém-conquistada.

Repare as pessoas falando no celular, andando pelas ruas ou esperando nos saguões de aeroportos. Parecem um bando de jovens brincando. "Falar no telefone andando pela rua? Que legal! Não acredito que eu realmente esteja fazendo isso! Veja essa gente passando e olhando para mim quando falo no celular. Aposto que gostariam de ter um aparelho tão legal quanto o meu."

Observe o corretor da bolsa cumprindo tarefas múltiplas: muda do telefone para o e-mail, checa as inúmeras cotações da bolsa, digita no computador, fala com alguém que enfia a cabeça pela porta. Administrar essas atividades é emocionante, pelo menos para a maioria dos que trabalham assim (se é que isso se chama trabalho). O torpedo enviado por uma menina de 16 anos — centrada em si mesma, é claro — é tão rápido quanto o tempo que a maioria das pessoas leva para falar a mesma mensagem, e ela se sente no céu. Observe um homem de 45 anos brincando com o video game do seu filho, praticando, tentando ser bom o suficiente para vencer o filho — o que não acontece, mas ele se diverte tentando. Observe o jornalista preparando um artigo, procurando no Google em milésimos de segundos o que levaria horas ou dias de pesquisa, cortando e colando em segundos um material que lhe consumiria vários minutos e grande atenção para elaborar. Observe a mãe moderna coordenando os horários de cinco filhos, marido, dois animais de estimação e dela própria; como conseguiria harmonizar tudo isso antes da existência do celular, e-mail e correio de voz? Por mais apressada que viva, essa mãe não sente a vida monótona. Em parte, ela se vê como um mestre do universo desempenhando bem uma tarefa difícil.

Agora que temos carteiras de motoristas e carros, queremos dirigir. São tantos os novos motoristas que parecem dirigir carrinhos de trombada, esbarrando uns nos outros enquanto falam no celular e checam suas mensagens. Chegar ao limite do que podemos fazer é engraçado. Pode ser exaustivo e até perigoso (por exemplo, falar no celular dirigindo), mas não há como voltar atrás agora. Nem queremos isso. É divertido. Mas é meio esquisito também.

7

Energia, entusiasmo e brincadeira

Hoje, a energia explode por todo lado. Energia da redação do jornal na hora de fechar o próximo número, do tribunal durante intensos interrogatórios, do pronto-socorro quando chegam três pacientes ao mesmo tempo, do corpo de bombeiros quando soa o alarme ou da pista de corrida quando os cavalos fazem a curva e entram na reta final.

O entusiasmo de hoje tem o poder de quebrar tradições e derrubar barreiras. Não foi só a tecnologia que diminuiu o mundo, foi o espírito rebelde que o próprio mundo liberou. Não o espírito rebelde dos radicais da década de 1960, longe disso. Mas o de pessoas que gostam de brincar — com idéias, com números, com programas. Lá no fundo, o que fizeram e fazem é brincar, soltar a imaginação e se rebelar contra o comportamento tradicional. Adotando a mudança, sem medo, o entusiasmo de hoje dá liberdade ao espírito.

Em outro dos muitos paradoxos de nossa época, os *nerds* e CDFs é que se tornaram os radicais mais efetivos, se radical for quem realmente muda as coisas. Os executivos de terno e gravata adotaram o que os *nerds* e CDFs de moletom e tênis criaram — e se não fossem eles nada disso teria acontecido. Se *hip* significa vanguarda, os *nerds* e CDFs são os maiores *hips de todos.*

Quando os críticos sociais reclamam do materialismo do nosso tempo e da preocupação que temos com dinheiro, fama e valores superficiais, não vêem que a força motora por trás dessas mudanças — um dos maiores períodos de mudança na história — foi o pensamento. Não foi o dinheiro nem o *status* social que levaram a essa mudança. Foi, e é, a força da brincadeira do espírito. Por mais materialistas que sejamos, o pensamento brincalhão nos pegou.

Ainda que seja estranho, este mundo é como uma nova mina de ouro, que guarda mais oportunidades do que podemos aproveitar à medida que barreiras antigas e intransponíveis caem por terra. Hoje podemos ter em mãos um volume de informações que dá a cada indivíduo a possibilidade de fazer coisas que antes exigiam o trabalho de centenas de pessoas. Podemos trabalhar com uma liberdade e velocidade de comunicação que torna antiquado o prazo da chamada "espera", ou pelo menos desnecessário. Esses elementos criam o entusiasmo do nosso tempo. Como os homens da caverna quando descobriram o fogo, ficamos assombrados e entusiasmados ao usar as novas ferramentas. Um novo tipo de fogo arde neste mundo.

Quem não abandona as formas antigas sai queimado. Quem busca segurança e teme mudanças tenta conseguir um salário com o qual não pode viver. Se você quiser tirar vantagem do que o mundo de hoje tem a oferecer, deve aprender a se virar e a tentar uma coisa nova, deixando o conforto de lado por algum tempo.

O entusiasmo que caracteriza nosso tempo é, ao contrário de todos os outros acontecimentos, promissor e, como todos os entusiasmos, brincalhão. A energia que vem dos nossos aparelhos eletrônicos entrou em quase toda nossa corrente sangüínea e no cérebro. Mesmo com as dificuldades que temos de enfrentar, não trocaríamos por nada nesse mundo o relógio digital pelo analógico. Queremos nos conectar a esse novo mundo que a China, a Índia, a América e o resto do mundo moderno estão criando rapidamente, mesmo sem entender o que está sendo criado.

Quando você começa a se entusiasmar, isto pode parecer louco, mas na melhor das hipóteses é energia concentrada e focalizada — criativa, ágil, inovadora, impaciente, irreverente, de tirar o fôlego. A sensação que você experimenta nessa vida é como ficar com o coração na boca numa montanha-russa, por exemplo, ou derrapando na estrada, ou no meio de uma negociação muito importante.

Você está totalmente focado. Não sabe o que está fazendo, pois perdeu suas referências. Nesse estado de espírito, estamos em nosso grau mais elevado de funcionamento e também de alegria, um estado chamado "fluxo". No fluxo, confiamos no talento especial que Malcolm Gladwell descreveu no seu livro *Blink: a decisão num piscar de olhos.*

Tanto o fluxo quanto o piscar utilizam características da vida moderna. Embora ao longo da história o estado de fluxo e o talento de piscar existissem em nós, nunca antes foram tão importantes e úteis na vida diária.

O homem moderno, antes parado onde estava, foi jogado para o ar. Hoje a vitória pertence aos que não se apavoram quando são jogados para o alto, que imaginam como farão para voar ou pelo menos como se recompor depois da queda.

Hábitos e estratégias antigas não são válidos. Além dos livros sobre o fluxo e o piscar, outros livros interessantes sobre cultura moderna mostram a nova era radical na qual vivemos. Até mesmo os títulos dos melhores livros refletem o aspecto paradoxal e aparentemente insano da vida moderna: *O mundo é plano; Surpreendente!: a televisão e o video game nos tornam mais inteligentes; Freakonomics: o lado oculto e inesperado de tudo que nos afeta; O paradoxo do progresso: quanto mais a vida fica melhor, pior as pessoas se sentem; Fora de si; Loucura perfeita; e A revolução do lado direito do corpo.*

Ninguém mais sabe o que esperar, e o que se espera não acontece conforme previsto. O que é bom para você hoje será ruim amanhã, e vice-versa. A informação passa tão rápido que não permite reflexão ou pesquisa. Ontem nos mandavam tomar vitamina E, hoje dizem que não devemos tomar, talvez amanhã voltem à idéia antiga. Diziam para não bebermos café porque fazia mal, hoje dizem que devemos beber na quantidade certa, ou seja, "com moderação", que faz bem.

Mesmo coisas que todos concordam que nos fazem bem podem se contradizer. Por exemplo, como você pode dormir o suficiente e também usar cada minuto do seu tempo? Como pode ser contemplativo e também prático ao preparar-se para o mundo à sua frente? E, se você não é milagroso, como passa fio dental regularmente, come oito frutas e legumes por dia, bebe muita água, pratica sua religião regularmente, vai a reuniões de grupos que lhe interessam, mantém contato com os amigos, não deixa de lado seus interesses pessoais, trabalha bem, cria seus filhos, lava roupa, paga impostos, faz sexo pelo menos uma vez por semana, lida com a pressão da implacável incerteza, e troca o óleo do carro a cada seis mil quilômetros? Ninguém sabe. Das estratégias empresariais às teorias de educação dos filhos, à saúde pessoal, à administração do dinheiro, às expectativas profissionais, a regra é a insegurança.

Mas a oportunidade também bate à porta. O antigo sai e o novo ainda precisa se estabilizar ou se definir. A vida está em aberto.

8

Contradições da vida moderna: anonimato conectado e desconexão social

Por outro lado, a vida hoje pode ser um jogo tão engraçado quanto perigoso. Somos levados por sensações. A adrenalina é o hormônio dos nossos tempos, e a cafeína, nossa droga favorita. As oportunidades se abrem tão depressa quanto as portas se fecham. Vivendo ocupados não sentimos a vida monótona. Na internet você pode conseguir um namorado, uma oportunidade de trabalho, um animal de estimação, ingressos para um show, ou um carro novo, tudo em poucos minutos, sem se levantar da sua cadeira. Pode enviar um e-mail para sua filha que está estudando no exterior ou fazer contato imediato com aquele seu amigo doido que não diz onde mora mas lhe dá seu endereço eletrônico.

O comportamento desse amigo doido define outro paradoxo comum: o anonimato conectado. É possível fazer uma conexão íntima via internet e permanecer completamente anônimo. Antigamente, só se podia fazer isso em baile de máscaras. Depois, há algumas décadas, os automóveis nos permitiram uma versão de anonimato conectado em ampla escala — era possível dirigir sem ser reconhecido e se relacionar imprudentemente com outros motoristas. Mas isso não era nada comparado com o que é possível hoje em dia. A era eletrônica aumentou as possibilidades do anonimato conectado, para melhor e para pior.

Se o anonimato conectado pode ser ameaçador, pode também ser útil, como quando se participa de uma lista de discussão. Contudo, existe uma contradição mortal em nosso mundo apressado. Se nos conectamos milagrosamente de forma eletrônica nos últimos 15 anos, também nos desconectamos interpessoalmente sem intenção. Os bairros, clubes, organizações e até mesmo amizades não prendem mais nossa atenção como antes. O jantar de família se tornou um evento raro. Almoçar com um amigo, conversar no portão de casa ou se sentar na varanda cumprimentando os vizinhos deram lugar a interesses mais individuais. Como disse Robert Putnam no seu livro publicado em 2000, *Jogando boliche sozinho*, pratica-se mais esporte hoje que nunca, mas a participação em times diminuiu. As pessoas estão se exercitando sozinhas.

Ninguém sabe o preço que vamos pagar por essa desconexão social, que leva a uma grande variedade de infelicidades que vemos hoje, mas que atribuímos a outras causas. Quase todos que me consultam na minha clínica psiquiátrica têm algum tipo de desconexão, embora não usem esse nome. A desconexão interpessoal e o isolamento social causam ou aumentam a depressão, o abuso de drogas e álcool, a ansiedade, a baixa tolerância à frustração, e a tendência a um comportamento violento. Além disso, a sensação de estar mais sozinho do que se gostaria — desconexão — atrapalha o desempenho profissional ou escolar e reduz o bem-estar e a alegria da vida. Finalmente, ataca o corpo, nos deixando fracos e baixando a expectativa de vida. Quando a dra. Lisa Berkman provou isso pela primeira vez na década de 1970, poucas pessoas acreditaram que a morte podia ser causada por desconexão ou isolamento social. Hoje, depois de comprovado em dezenas de outros estudos no mundo todo, sabe-se que o isolamento social é um fator de risco de morte prematura tão grande quanto o cigarro, o colesterol alto e a pressão alta.

Quando se comenta sobre os perigos e as possibilidades da vida moderna, em geral se omitem esses fatos importantíssimos: os riscos causados pela desconexão e os benefícios da conexão.

Hoje em dia, muitas vezes as pessoas se satisfazem com a ilusão da conexão humana. Assistem aos telejornais e reconhecem os apresentadores como amigos pessoais. Sorriem quando a apresentadora sorri, como se ela fosse uma amiga íntima; gostam de ver um repórter e falam diretamente com ele como se ele pudesse responder; esperam o comentarista dizer "E é isso que está acontecendo no seu bairro", como se ele realmente se importasse com seu bairro. Essas pessoas têm a sensação calorosa existente na conexão, da mesma forma que a ilusão de óptica causa sensação de três dimensões. Porém, se analisarem mais de perto, verão que é um truque.

A voz computadorizada de uma mulher fala com você no telefone e oferece, num tom muito gentil, porém artificial, inúmeras decisões úteis para que você encontre o que precisa. Se conseguir falar com um ser humano, que talvez seja um chinês falando como se estivesse próximo de você, ele o atenderá dizendo o nome dele a fim de criar a ilusão de que você o conhece. Seres humanos reais o cumprimentam no guichê do cinema, mas recebem instrução de falar como se fossem uma gravação, dizendo decoradamente: "Bem-vindo, senhor, eu gostaria de oferecer o *Super Saver*, que inclui um refrigerante mega e um saco de pipocas mega, ambos com refil, ou prefere água mineral?" Quando finalmente pede duas entradas para *Guerra nas estrelas*, você tem a estranha sensação de intoxicação e alienação tão comum na vida moderna, por ter se relacionado com uma pessoa que foi forçada a falar como um papagaio. É como se sente quando os políticos dizem o que você quer tanto ouvir, mas sabe que foi um discurso ensaiado. São pessoas que tentam (e não conseguem) criar a ilusão de uma conexão autêntica. Não é de ilusão que precisamos. Precisamos de realidade.

9

Sexo com hora marcada

A coisa real — conexão humana autêntica — ainda existe, mas é melhor marcar um horário. O que não é marcado muitas vezes não acontece. Você pode até querer fazer contato com um amigo, mas, se não marcar uma hora para vê-lo, talvez acabe adiando esse encontro durante anos. Pode querer "almoçar" com seu colega de trabalho de uma empresa onde você não trabalha mais, mas isso não acontecerá se ficar esperando. Compromissos sociais "desnecessários" em geral acabam como balões de história em quadrinhos: "Almoço na quinta-feira? Quinta-feira não dá para mim. Que tal nunca? Nunca dá pra você?"

Esperar que as coisas aconteçam por conta própria talvez funcionasse no passado, mas hoje não. Pode parecer estranho, mas eu aconselhei alguns dos meus pacientes mais ocupados que planejassem a hora para fazer amor. De início eles protestaram: "Que coisa mais anti-romântica!" Mas então mostrei que, se eles seguissem seu plano "romântico", quase nunca fariam amor. Disseram que gostariam de fazer amor com freqüência e não compreendiam por que isso não acontecia. Antes que um culpasse o outro, sugeri que marcassem uma data para fazer amor. Por mais que isso pareça anti-romântico, não é. Se hoje é terça-feira e você marcou com sua parceira para fazerem amor na quinta às nove da noite, as preliminares eróticas começam agora mesmo. Longe de ser anti-romântico, é altamente romântico e muito excitante para a maioria das pessoas.

Na pressa do mundo de hoje, é preciso um plano para ter certeza de que você está verdadeiramente conectado com seres humanos que conhece e dos quais gosta. Fácil? Conte o número de minutos que gasta por dia, pessoalmente, com seres humanos, pessoas que conhece e de quem gosta. Compare esse número com, digamos, os números de vinte ou dez anos atrás. Se você for como a maioria das pessoas, o número de hoje será incrivelmente mais baixo. Isso não é bom para nossa saúde física e mental. A desconexão é um perigo enorme que se esconde por trás dos perigos óbvios neste mundo confuso.

É claro que parte do nosso desconforto nasce simplesmente de não compreendermos o que está acontecendo. Eu vejo que minha filha usa os polegares para apertar as teclas do seu celular com mais velocidade que eu digito em um teclado de computador, e, quando pergunto o que está fazendo, ela olha para mim como se eu fosse um E.T. — ela está enviando um torpedo. Sacudo a cabeça da mesma forma que meus pais sacudiam quando ouviram e viram os Beatles pela primeira vez. Com isso tudo temos de nos acostumar.

Mas temos também de agir por conta própria, sem aceitar tudo o que nos é imposto. A pressa e a enxurrada de informações da vida moderna podem também passar como um rolo compressor pelos seus sentimentos, pressionando-o a aceitar a desconexão sem reclamar. Um médico conversa com você durante 15 minutos e pede que faça um "novo exame", em outro laboratório, que ele irá verificar "mais tarde". Quando você volta ao consultório, ele anuncia que você tem câncer, explica qual é o tipo do câncer, como sabe que você tem, quais as chances de sobrevivência e que tratamento recomenda — tudo no espaço de apenas *dez minutos*; depois indica outro médico, um oncologista, que você talvez não tenha muito tempo para conhecer melhor enquanto o encarrega de salvar sua vida. Preocupação. Enxurrada. Pressa. Tudo misturado com muito papo furado.

Essa vida gera confusão. Depois que você expressa várias vezes sua preocupação de que seu filho, na quinta série, não está se saindo bem na escola e que talvez tenha alguma deficiência, ele entra na fila com vários outros para passar por uma "avaliação formal". A psicóloga da escola marca uma reunião com alguns "especialistas", que olham para você com ar inexpressivo do outro lado da mesa, enquanto você ouve o resultado dos "testes". O teste "não revelou nenhum problema que exija ajuda ou tratamento especial". Você então recebe um relatório por escrito de umas 15 páginas, cheio de números e dados incompreensíveis, e lhe dizem que você tem "direito de apelar". Quando você declara que não pensou nisso em termos legais, dizem que o "comitê" tem vários outros casos para atender e que a reunião está encerrada. Preocupação. Enxurrada. Pressa. E muita conversa fiada.

10

Emoção: a primeira chave para obter o melhor da vida moderna

A chave para tirar vantagem do melhor da vida moderna não é intelectual, mas emocional. Não que o intelecto seja dispensável. O intelecto nunca foi tão importante. Porém a emoção é o botão liga/desliga do pensamento avançado. Estranhamente, muita gente ignora isso, de professores nos seus locais de trabalho a maridos e esposas que tentam fazer o que é preciso para cuidar de uma casa. Entregam-se a um monte de tarefas que precisam ser feitas, sem primeiro criar as condições emocionais para que esse trabalho dê resultado e floresça.

Esperança, otimismo, confiança e entusiasmo — energia emocional positiva — resultam em felicidade e sucesso nos dias de hoje, como sempre resultaram. A diferença é que hoje é especialmente difícil manter essas posturas porque todos vivem correndo.

Você não se sente melhor no início de uma reunião se receber um firme aperto de mão e um olhar honesto? Não se sente mais entusiasmado se seu amigo fizer umas observações pessoais positivas ou notar como você está com um ar saudável? Essas gentilezas importam muito mais que simplesmente ser "gentil". Podem iniciar ou acabar com um negócio, relacionamento ou projeto. Estabelecem um tom emocional positivo, que por sua vez acaba ajudando a revelar o que as pessoas têm de melhor.

A maioria dos conselhos relacionados aos problemas da vida moderna fala sobre a necessidade de organização. Na verdade, como me disseram, organizar-se passou a ser a forma moderna de fazer dieta — todos querem começar uma dieta, mas poucos têm bons resultados, e até mesmo esses em geral voltam a engordar. Embora a desorganização seja um problema importante, não é a raiz da questão, da mesma forma que perder peso não é a chave da felicidade. Assim como você pode ser magro e infeliz, pode ser muito bem organizado e ainda assim ser engolido pela vida moderna.

No fundo, para tirar o máximo proveito da vida moderna, você deve guardar e proteger as relações que mais lhe interessam: seja com pessoas, lugares, atividades, animais de estimação, com o espírito ou com uma música, até mesmo com objetos que lhe são muito queridos. Mas não deve ter laços demais, senão nenhum irá florescer. Pegue os que mais lhe interessam e cuide deles religiosamente; se fizer disso uma prioridade máxima na vida, estará no caminho certo.

Hoje em dia, a pressa e a enxurrada da vida ameaçam reduzir, ou até mesmo destruir, nossas relações mais importantes. A não ser que você preserve conscientemente algum tempo para um jantar de família, um almoço com um amigo, um jantar de domingo na casa da vovó, um fim de semana com sua esposa, exercícios físicos, tocar o instrumento de que gosta, continuar jogando no seu time, levar seu cachorro para passear, assistir ao jogo dos seus filhos, tirar mato do jardim, ou ler revistas especializadas em solda submarina — a menos que preserve consciente, e seguindo sua própria vontade, um tempo para ligar-se com as coisas que mais *lhe* interessam, sua relação com qualquer coisa poderá enfraquecer. As águas da pressa e da enxurrada deixarão suas relações enferrujadas e as levarão embora. Você se sentirá menos ativo, menos otimista, menos esperançoso, menos confiante e menos entusiasmado que antes, e não saberá por quê. Dirá que isso acontece porque você está muito ocupado, está envelhecendo, sente-se deprimido, é desorganizado demais, ou simplesmente dirá que são "coisas da vida".

A verdadeira culpada não é a desorganização nem quaisquer outros vilões já citados. É que você não deu a devida importância ao que lhe interessa. Hoje, é *preciso* preservar e cultivar suas relações mais valiosas com pessoas, atividades e qualquer outra coisa que lhe interesse. Qualquer um pode cultivar essas relações, extraindo delas a força e a vontade necessárias para lidar com o melhor e o pior da vida, *mas só fará isso planejando e insistindo em seguir esse plano.*

O próximo passo para criar e preservar relações importantes é a seleção. As relações são como flores em um jardim. Se você plantar demais, nenhuma vingará. Se deixar o mato crescer, elas murcharão. Duas das tarefas mais difíceis são manter as várias relações que construiu e tirar o mato das más conexões. Mas, só selecionando com cuidado as pessoas e as coisas às quais deseja dedicar seu precioso tempo, atenção e energia, você poderá manter um estado emocional positivo e dar o melhor de si.

Esse princípio é válido para a vida profissional e também pessoal. Estudos de pessoas vitoriosas nos negócios — como o executivo norte-americano Jack Welch no relato sobre seus dias na General Electric — enfatizam a importância de se concentrar no que você faz melhor e se prender a isso. Não tente fazer coisas demais, ou não fará nada bem. Nas inúmeras oportunidades de hoje, é fácil o olho ser maior que a barriga.

O mesmo princípio de seleção cria ou destrói a realização pessoal. É simplesmente impossível manter um número grande demais de amigos. Se forem muitos, se tornarão uma carga, não uma alegria, pois você se matará para manter contato com essa multidão. A seleção pode parecer cruel a princípio, mas a longo prazo não é apenas essencial como boa, para você e para o outro.

Resumindo: a emoção positiva é mais importante do que se imagina. Em geral vista como resultado e não como causa, a emoção positiva é na verdade uma causa poderosa de bons resultados de qualquer tipo. E a chave para a emoção positiva não é a simples organização — embora isso possa ajudar — mas também manter suas relações com as coisas que mais lhe interessam. O que, por sua vez, exige que você selecione as relações que mais lhe interessam e as cultive. Agindo assim, criará o estado emocional positivo que lhe permitirá utilizar melhor seu tempo, atenção e energia.

11

Ritmo: a segunda chave para obter o melhor da vida moderna

Para algumas pessoas, a vida moderna começou com a invenção do ar-condicionado, que permitiu que se ficasse dentro de casa em vez de sentar-se na varanda para conversar uns com os outros. Ficar dentro de casa marcou o início do anonimato conectado e da desconexão social. No meu caso, descobri a vida moderna aos vinte anos de idade, entre três e seis da manhã dos dias de semana, em 1970, quando trabalhava como cozinheiro de *fast-food* em uma espelunca que não existe mais. Era um restaurante de beira de estrada e também uma padaria especializada em *donuts*, o lugar favorito dos motoristas de caminhão nas madrugadas. Trabalhava de meia-noite às oito da manhã, mas foi entre três e seis que descobri a vida moderna, pois durante essas horas eu não tinha ajuda de ninguém.

Quando o lugar enchia, tinha de preparar umas dez refeições ao mesmo tempo. Hambúrgueres, cachorros-quentes, queijos-quentes, ovos, bacon, salsichas, cubinhos de batata, panquecas, torradas francesas, omeletes e um eventual picadinho de carne eram colocados em volta da grelha do fogão, e eu mudava rapidamente do ovo para a panqueca, o hambúrguer, a manteiga, me concentrando em cada um dos pedidos enquanto os alimentos cozinhavam e seguindo minha intuição de quanto tempo levariam para ficar prontos.

Não podia dar atenção total à preparação da comida porque, entre três e seis da manhã, não havia garçons nem garçonetes para receber os pedidos e responder às perguntas dos clientes. Eu ficava sozinho durante três horas, fora o padeiro que trabalhava nos fundos, cuja única obrigação era fazer os *donuts*, e Dóris, que ficava na caixa registradora, recebendo os pagamentos e providenciando o troco. Quantas vezes desejei que viessem me ajudar, mas não era obrigação deles e seriam punidos se fizessem isso. O dono do restaurante era durão. O padeiro estava lá para fazer *donuts*, Dóris para cuidar da caixa, e entre três e seis da manhã eu tinha de fazer o resto. Por volta das seis da manhã, chegava o reforço, e eu podia finalmente me acalmar um pouco.

Entre as três e seis horas da manhã, aprendi a prestar atenção em mais coisas ao mesmo tempo do que podia imaginar. Quando me aproximava da grelha, uma parte da minha cabeça tinha de perceber o que acontecia atrás de mim enquanto a outra ficava de olho na grelha e nos pedidos presos nos clipes acima de mim. Os pedidos eram anotados em um bloco com um papel-carbono colocado entre a primeira e a segunda folha. A primeira via era a cópia do cliente, para ser entregue a Dóris. A segunda ficava pendurada acima da grelha para me lembrar do que eu precisava preparar e para quem. Tinha de olhar para baixo — para a grelha — e para cima — para os pedidos — e perceber o que acontecia por trás de mim — no balcão com os clientes. Para baixo, para cima e para trás. Tornou-se uma espécie de ritmo, que me conduzia como se fosse música.

Quando o movimento estava calmo, o que ocorria geralmente entre as três e cinco da manhã, quando só entravam uns maconheiros procurando traficantes, uns solitários esquisitos, festeiros ou caminhoneiros procurando uma parada, era fácil pegar os pedidos e cuidar da grelha. Mas a partir das cinco, os caminhões e as primeiras pessoas que saíam para o trabalho começavam a chegar e o lugar entupia rapidamente.

Tendo de me mexer cada vez mais depressa, tentava usar meu ritmo como um piloto automático para manter atenção consciente ao foco que não estava no automático — receber um pedido, colocar a comida certa no prato certo e entregar os pratos aos clientes certos. Com o piloto automático eu quebrava os ovos, preparava a massa da panqueca, passava manteiga na torrada, juntava os cubinhos de batata sem pensar. Era um trabalho difícil. Como um atleta que fica velho, hoje eu não conseguiria mais fazer isso.

O ritmo era a chave. Quando eu mantinha meu ritmo, conseguia fazer tudo sem muito esforço. Mas sempre que saía do ritmo e ficava sobrecarregado era um desastre. Meu piloto automático parava de funcionar, e eu não sabia mais quem tinha pedido o que e que panquecas teria de colocar na grelha antes. Deixava o cliente esperando horas e atendia outro fora da vez, ficava me desculpando com o cliente que tinha esperado e os ovos cozinhavam demais, as panquecas queimavam e os cubinhos de batata ficavam ali, esperando para entrar na grelha. Quando perdia meu ritmo, levava uma meia hora para voltar a ele. E os clientes se irritavam e não me davam gorjeta.

Aprendi que eu tinha um limite máximo. Com o passar do tempo, ganhei experiência, meu limite aumentou, mas havia sempre um novo limite além do qual eu não funcionava bem. Aprendi a perceber quando ele era atingido. Desde que ainda pudesse "ver" o balcão com os olhos por trás da cabeça enquanto estava na grelha, tudo bem. Mas, quando perdia o controle do que acontecia atrás de mim, sabia que tinha de diminuir o ritmo imediatamente e fazer uma avaliação, ou em questão de segundos eu perderia o controle de vez e ficaria numa séria encrenca.

Se não diminuísse o ritmo naquele momento, eu ficaria agitado. A ansiedade atrapalharia minha concentração e quebraria meu ritmo. Minha confiança seria prejudicada e eu começaria logo a cometer erros que criariam uma bola de neve de falhas.

Se eu deixasse o trabalho me controlar, se deixasse os clientes comandarem a situação, se respondesse a cada pergunta imediatamente e tentasse cuidar de todos os pedidos como se houvesse um único pedido na grelha e um único cliente a ser atendido, eu estaria perdido. Mas, se controlasse a situação, se deixasse meus instintos, conhecimentos e experiência me guiarem, se seguisse um plano, mas não pensasse demais nele e confiasse em mim, mesmo que não controlasse conscientemente tudo o que estava fazendo, eu poderia fazer um bom trabalho.

Aprendi a administrar as exigências do trabalho. Aprendi a priorizar as atividades, instintivamente, e a atrasar o que podia ser atrasado, como, digamos, fritar os cubinhos de batata mais tarde ou oferecer um jornal a um novo cliente dizendo que ele teria de esperar cinco minutos. Aprendi a harmonizar meu cérebro consciente ao cérebro automático, e a perceber o momento em que tinha chegado ao limite, quando precisava diminuir o ritmo.

Descobri também que é excitante controlar esse caos, fazer bem uma tarefa complexa cada vez mais depressa.

O que não percebi foi que estava aprendendo como a vida seria nos anos 2000. Ficar ao lado da grelha, atender aos pedidos feitos atrás de mim, ser responsável por tarefas com tempo marcado e coisas que podiam queimar se eu não ficasse alerta, criar um ritmo para administrar isso e me sentir animado quando as coisas se harmonizavam — tudo isso é o que a maioria dos adultos de hoje faz, assim como pais e filhos.

"Ritmo" é a minha palavra para o complexo conjunto de acontecimentos mentais e físicos que cria a *aparente* facilidade necessária à realização de um trabalho complicado — eu na grelha ou você fazendo o que sabe fazer bem. Você provavelmente faz com que *pareça* fácil. Mas precisou de anos de prática para chegar lá. Se já viu um jogador profissional de golfe na televisão, provavelmente notou com que facilidade ele parece jogar. Se viu um pianista, ficou imaginando como ele coordena aqueles movimentos de dedos com tanta fluidez.

Quando se pratica qualquer atividade, o planejamento e a execução mudam aos poucos de uma parte do cérebro para outra. No início, é a parte frontal que age. Cada movimento precisa ser monitorado de forma consciente. Mas com a prática — em geral árdua — a atividade passa para a parte posterior do cérebro, o cerebelo. O cerebelo é o piloto automático do cérebro.

O exemplo que todos conhecem é andar de bicicleta. No início você fica trêmulo e controla cada movimento e queda. Mas, com o tempo, andar de bicicleta torna-se uma atividade automática. O cerebelo entrou em ação. Então você pode usar a parte frontal do cérebro para observar a vista ou o local por onde quer passar.

E a louca vida moderna? Não é uma tarefa, como jogar golfe, tocar piano ou andar de bicicleta. São muitas tarefas diferentes. É por isso que o cerebelo não pode comandar tudo. Nem você iria querer que comandasse. Não gostaria de viver a vida toda no piloto automático. A escolha consciente é essencial.

Quando entramos no que chamo de ritmo, estamos entre o piloto automático controlado pelo cerebelo e o controle total da parte frontal do cérebro. Parte das atividades — passar manteiga no pão, quebrar os ovos — é automática. Mas outra parte é decidida conscientemente: qual o próximo cliente a ser atendido, o que dizer ao homem que reclama que o café está fraco demais.

Nos capítulos seguintes, ofereço várias sugestões sobre as decisões conscientes para você tirar o melhor proveito possível dessa agitada vida moderna. Vou falar especialmente sobre a necessidade de um plano formulado conscientemente. A administração do tempo será tratada em detalhes. E a atenção em si será tratada com toda a atenção.

Mas a meta das prioridades e do planejamento é programar você e seu cérebro para que o hábito, a rotina e outras funções automáticas possam se encarregar de grande parte do trabalho, liberando a parte frontal do cérebro para o trabalho criativo e sofisticado, para o qual é especialmente qualificada. Quando você descobrir seu ritmo, não terá de planejar tudo — irá simplesmente fazer. Assim como um pianista que conhece uma música tão bem que seu cerebelo bate nas teclas certas e ele dedica sua atenção consciente aos detalhes da execução, você pode dedicar seu espírito consciente a assuntos mais elevados que as pequenas coisas de todo dia quando encontrar seu próprio ritmo.

Muitos elementos se combinam para levá-lo ao ritmo certo, elementos que a vida agitada pode danificar e destruir se você deixar. Ambiente emocional positivo. Prioridades. Planejamento para usar seu tempo, livrar-se de pessoas e projetos exaustivos, e cultivar coisas que o enriquecem. Para fazer o que faz melhor. Praticar. Arranjar tempo para praticar. Esses e outros elementos que discutirei na segunda parte deste livro se combinam para levá-lo ao ritmo certo. Depois, e só depois, você poderá *efetivamente* praticar a solução Nike: *Just do it* (simplesmente faça).

"Simplesmente faça" parece simples, mas é bastante complexo. Tentarei detalhar bastante para você poder aplicar isso à vida agitada que vive. Quando funciona bem, "simplesmente faça" é a melhor forma de fazer qualquer coisa — desde jogar golfe até escrever um romance. Não significa que você não tenha de se esforçar para fazer uma coisa, significa que deve deixar de lado os pensamentos cansativos e irritantes enquanto está agindo.

Se a parte frontal do cérebro tiver de cuidar de inúmeros detalhes do "simplesmente faça" — passar manteiga no pão, quebrar ovos, equilibrar-se na bicicleta — não terá tempo para um trabalho criativo. O que significa que você funcionará em um nível medíocre. E também que ficará estressado, pois a parte frontal do cérebro não gosta de monitorar tarefas chatas e repetitivas.

Da mesma forma, enfatizo a importância de criar um ambiente emocional positivo onde quer que você esteja, porque as emoções negativas também interrompem o acesso à parte frontal do cérebro, deixando-a sem a sofisticação e criatividade habituais.

Você talvez já tenha se programado para encontrar rapidamente seu ritmo em muitos dias. Nesses dias tudo dá certo, as coisas são feitas com aparente facilidade e ainda sobra tempo para um banho demorado ou para ler um bom livro. Nesses dias você não enfrenta engarrafamentos na estrada, atende a 15 reclamações e faz com que cada cliente saia feliz sem perder o controle nem ficar bufando de raiva, consegue segurar o copo antes que ele caia no chão e pegar o elevador direto, sem parar em todos os andares.

Não é possível fazer tudo isso conscientemente. É preciso confiar no seu ritmo. Você não pode controlar todos os detalhes da vida e estar pronto para todas as oportunidades e perigos. *Tem* de confiar no seu ritmo — ou em algum equivalente. Tudo que nosso cérebro pode fazer e os computadores não podem é que nos salva, se criarmos condições favoráveis ao seu crescimento. O nome que dou a isso é ritmo — uma força especial que nos permite fazer muito mais do que imaginamos. Qualquer que seja o nome dado a ela, é a força na qual você confia e que precisa ser desenvolvida, a força que o ajuda a lembrar do que precisa ser lembrado, a fazer o que precisa ser feito, a escolher o que precisa ser escolhido e a evitar o que precisa ser evitado.

Usando as sugestões dos últimos capítulos deste livro, você poderá adaptar seu cérebro e seu dia ainda mais, para que outras coisas se tornem automáticas e tenham influências emocionais positivas, liberando o cérebro criativo e sofisticado, não só para fazer o melhor possível, como também para curtir esse processo.

Uma vez que o cérebro humano nunca foi tão sobrecarregado como é hoje, esse tipo de tratamento especial nunca foi tão importante.

12

Encontrar esperança quando se está deprimido

Voltando à emoção, um dos problemas comuns que enfrentamos é sair de lugares ruins. Perder a esperança é fácil nos dias de hoje, pois existem muitos perigos, muitas chances de se sentir perdido, de cometer erros ou de ser demitido.

Realisticamente, existe esperança. Mas as emoções em geral não reconhecem a realidade. Embora o homem que foi demitido porque a empresa se mudou para o exterior ache que não tem sorte e perca a esperança, ele tem mais chance de voltar à ativa do que teria uma geração atrás ou antes disso. Mas para isso é preciso haver esperança. A emoção precede a ação. A emoção liga ou desliga a ação.

Existe uma terrível contradição aqui. Para voltar à ação é preciso ter esperança, e para ter esperança é preciso voltar à ação. De onde vem a nova esperança quando você perde a esperança?

Da conexão. A pessoa deprimida piora cada vez mais quando se desconecta. Por outro lado, quando volta para a conexão que mais lhe interessa — um amigo, um membro da família, Deus, uma música, um antigo professor, um lugar cheio de boas lembranças, um jardim, qualquer coisa que realmente lhe interesse —, a esperança brilha, ainda que numa pequena chama. É a conexão que cria essa chama.

Feita a conexão, a energia positiva flui instantaneamente. A porta para pensamentos avançados se abre no cérebro. E as idéias podem encontrar seu caminho no consciente.

O mundo de hoje favorece os que têm idéias. Se, digamos, um amigo do homem que foi demitido ou ele próprio tiver uma idéia para um novo negócio, pode dar os passos para desenvolver essa idéia mais depressa que nunca — desde que acredite que vai conseguir. Pode pesquisar a idéia mais depressa, arranjar dinheiro para realizá-la mais depressa, começar e ver se deu certo ou não mais depressa, e ter outra idéia depois dessa mais depressa que antes. A pressa e a enxurrada de informações se tornam aliadas se a preocupação foi substituída pela esperança. O fator esquecido — emoção, transformar a energia negativa em positiva — é o mais importante de todos.

A idéia de que para atingir o sucesso basta querer ter sucesso nunca foi tão verdadeira como hoje, seja na América, na China ou na Índia. Se você virar a incerteza e a insegurança de cabeça para baixo, as oportunidades desaparecem — e essa é certamente uma era de incerteza e insegurança. Assim como você nunca consegue descansar quando está animado, nunca precisa se desesperar quando está deprimido. Existe esperança — desde que você consiga manter as suas. Embora a esperança sozinha não seja um plano, sem ela você nunca criará uma boa oportunidade.

Mas é muito difícil sentir animação quando se está desanimado, e é fácil sentir-se engolido pelo volume, velocidade, palavrório e preocupação na vida, especialmente quando se está deprimido. Quem está animado vive essa vida agitada como um surfista em cima de uma grande onda, mas quem está deprimido é engolido pela onda.

Nossa tarefa é aprender a usar a tecnologia que inventamos, em vez de permitir que ela nos use, para melhorar nossas relações humanas, não para substituí-las.

Quando acaba o entusiasmo de dirigir, o adolescente cansa de ir a qualquer lugar e fica mais exigente com relação aos seus destinos. Se não houver um lugar especial para ir, ele prefere ficar em casa. Precisamos aprender a ser mais exigentes quando nos conectamos à internet, observamos, transmitimos, conversamos, surfamos. Precisamos ter cuidado para não deixar os dispositivos eletrônicos — e o curioso fascínio que eles exercem sobre nossa mente — nos controlarem, nos forçando a correr cada vez mais, fazer cada vez mais, encontrar cada vez mais informações, e, em geral, acreditar que estar sempre ocupado é uma boa forma de viver.

A melhor forma de viver é estar profundamente conectado com o que realmente importa.

13

Gemmelsmerch

A vida superocupada pode ser rítmica e organizada ou em constante sobressalto. Saber lidar com a força da distração é um conhecimento muito importante no mundo de hoje.

Levantar rápido da mesa, conversar no celular sem parar, checar mensagens de hora em hora, se não mais, correr para o próximo encontro importante — não é isso que as pessoas ocupadas fazem? Estar sem ocupação não significa que você não tem sucesso? Na verdade, não necessariamente. Warren Buffett senta-se na sua mesa, em casa, sem computador e pensa. Bill Gates tira duas semanas de férias todo ano e fica numa cabana no meio da mata para... pensar. Um poeta desconhecido, mas talentoso, está sentado nesse momento em silêncio, vasculhando sua imaginação para encontrar a palavra certa. Dois namorados estão sentados nesse momento em silêncio, lado a lado, à beira de um lago, relacionando-se intimamente sem dizer uma palavra. Um menino de dez anos fica observando o sapo que perseguiu durante vinte minutos. Agora está só olhando. Melhor que capturar o sapo é observá-lo. Ele gosta disso. Na verdade, estar ocupado nem sempre é melhor.

Uma força que chamo de "gemmelsmerch" distrai nossa atenção o tempo todo. Gemmelsmerch é uma palavra sem significado, que eu inventei para descrever a terrível força que nos desvia do que estamos fazendo. A gemmelsmerch funciona em muitos canais. Na verdade, os vários canais da televisão de hoje criam gemmelsmerch, pois nos distraímos com a oportunidade de assistir a alguma outra coisa mesmo que estejamos gostando do que estamos assistindo. E se estiver passando algo melhor? Antigamente, tínhamos como saber se haveria algo melhor, mas hoje, com trezentos canais... Um emprego melhor, um livro melhor, um restaurante melhor, um namorado melhor — está tudo lá para verificarmos muito mais imediatamente do que antes. Que privilégio! Mas com esse privilégio vem a multifacetada gemmelsmerch.

Depois que comecei a trabalhar com DDA, encontrei, em meados da década de 1990, um número maior de pessoas reclamando que tinham falta de atenção crônica, eram desorganizadas e superocupadas. Muitos vinham até mim para saber se sofriam de DDA. Embora alguns realmente sofressem, a maioria sofria do que eu chamava de "caso grave de vida moderna". Não o verdadeiro distúrbio de déficit de atenção transmitido geneticamente, mas um substituto criado ambientalmente. Como vi isso com muita freqüência, não só na minha clínica, mas entre pessoas que me cercavam, comecei a dar nomes a esses problemas. Primeiro chamei de vida moderna, depois de pseudo-DDA, depois de traço de déficit de atenção, e para este livro dei o nome de "estado-F", pois muitos dos adjetivos usados para descrever o problema começam com a letra f: frenético, furioso, frustrado, fragmentado, e vários outros.

Júlia, descrita no início do livro, entrou em estado-F quando viu que tinha perdido a noção do tempo e ia chegar atrasada para o jantar do seu aniversário de casamento — e acabou descobrindo que o estado-F também tinha feito seu marido se atrasar. Um número enorme de jantares de aniversário de casamento não acontece conforme o planejado nos dias de hoje. Embora nem Júlia nem todos nós tenhamos DDA, a maioria das pessoas tenta fazer demais em pouco tempo, o que leva todos às letras F, fazendo parecer que o mundo todo sofre de DDA.

A vida moderna oferece um banquete que, ironicamente, muita gente não tem tempo de aproveitar. Ficamos exaustos tentando garantir nossos lugares à mesa, tentando cumprir nossos compromissos, com medo de sermos deixados de fora do banquete. Devido ao treinamento que recebemos nos últimos dez anos, algumas pessoas simplesmente *não conseguem* pôr o pé no freio.

Outras não querem. Para elas, o estado-F é *divertido*. Ninguém *precisa* ler três jornais por dia, checar seus e-mails a cada dez minutos, dar milhares de telefonemas por dia e desviar a atenção durante todas as conversas conforme o estímulo do momento. São hábitos que algumas pessoas desenvolvem para se sentirem estimuladas, como se pudessem tirar vantagem da vida ao fazer tudo depressa.

No mundo de hoje, tempo livre ou tempo ocioso — não fazer nada, ficar só pensando, sentindo, ouvindo, observando — se tornou algo tão raro quanto o silêncio. É preciso haver ação. Continuem dirigindo, não parem por muito tempo, não fiquem sem fazer nada, só pensando. O importante é se manter em movimento, com olhos vivos, examinando tudo com atenção, de celular na mão.

Notem os filmes mais populares. Muita ação, efeitos especiais, cortes rápidos e ritmo acelerado. Poucos personagens. O pensamento é permitido, mas só para explicar a trama, nada de complicação nem de profundidade. A conversa é boa, mas com frases curtas, entremeadas de humor, boas sacadas e energia.

No seu livro provocativo *Surpreendente!: a televisão e o video game nos tornam mais inteligentes,* Steven Johnson afirma que a televisão e o cinema de hoje são na verdade muito mais complexos do que eram uma geração atrás, devido ao seu ritmo muito mais rápido, tramas mais complicadas e um número maior de personagens. Muita gente, inclusive eu, se acostumou tanto à ação, ritmo rápido e diálogos curtos no cinema que evita filmes que são "bons" ou "profundos" porque acham que podem ser chatos, que não satisfarão sua necessidade de velocidade.

O que torna as séries de televisão como *Lei & Ordem, CSI: Investigação Criminal* ou *24 Horas* complexas — o que leva Steven Johnson a considerá-las boas para nós — não é o que torna *Hamlet* ou *O grande Gatsby* complexos. Não é a complexidade do personagem, a ambigüidade do tema, a ambivalência de motivação. É simplesmente a pressa e a enxurrada de informações. O que nos prende é a velocidade com que as informações entram na trama, o número de informações que precisamos seguir, e a falta de conectores para tornar a tarefa mais fácil. Temos de nos esforçar para entender, mas não de uma forma que aprofunde nossa vida. Essas séries são apenas difíceis de acompanhar. Sendo difíceis de acompanhar, atendem ao seu propósito de prender nossa atenção e gerar diversão.

Precisamos nos assegurar de que não faremos com nossa vida o que foi feito com as novas séries de televisão. Precisamos nos assegurar de que não levaremos uma vida mais rápida e com mais informação — mais difícil de acompanhar — apenas para tentar torná-la mais completa. Mesmo lutando com unhas e dentes, como se corrêssemos para pegar um ônibus lotado, não nos aprofundaremos nem nos realizaremos. Muito pelo contrário.

Seria como se eu tentasse tornar este livro interessante fazendo com que as palavras passassem eletronicamente diante dos seus olhos com rapidez ou tornando o texto complicado. Você se esforçaria para tentar ler e consideraria o livro muito difícil. Mas isso não tornaria o livro profundo, nem lhe daria uma satisfação duradoura. Ofereceria apenas o que você foi treinado a esperar: velocidade e estímulo, os prazeres de uma maravilha imediata.

A pressa e a enxurrada de informações nos fizeram exigir cada vez mais velocidade e estímulo para nos sentirmos interessados e não entediados. Como várias pessoas, faço muitas coisas na vida, coisas demais às vezes. Encantado com minhas várias tarefas e oportunidades, feliz com a pressa, muitas vezes tenho de lutar com meus horários para preservar um tempo valioso, tempo com a minha família, tempo com um amigo ou tempo para me planejar. Às vezes me sinto incapaz de controlar o problema de sobrecarga que eu mesmo criei — e na verdade desejei.

Mas tento me lembrar do que o telefone de disco me ensinou. E tento me lembrar de que tenho mais controle do que geralmente exerço.

14

O paradoxo dos equipamentos que poupam trabalho

De todo esse atarefamento, surge mais um dos vários paradoxos da vida moderna. Quanto mais depressa vivemos mais fazemos, e quanto mais fazemos mais coisas temos a fazer. Portanto, os equipamentos que facilitam o trabalho criam mais trabalho. Diminuindo o tempo e a energia para fazer uma coisa, esses equipamentos nos deixam com mais tempo e energia para fazer outras.

As pessoas viviam com pressa e faziam muita coisa em outras épocas. Mas a diferença hoje é o acesso a tantas informações, interligadas e aumentando de segundo a segundo. Como um *tsunami* juntando forças, uma parede de informações surge junto a nós, pronta para estourar e alagar nossas vidas, afogando todos, a não ser aqueles que procuraram um ponto mais alto de tempo ininterrupto e protegido. Lá as águas podem irrigar e não destruir.

Na enxurrada há, acima de tudo, palavrório — palavras sem sentido ou quase sem sentido, e sons que você leva um tempo precioso para ouvir, compreender, classificar, arquivar e transmitir. Além disso, o palavrório é em geral impresso em papel — memorandos, documentos, revistas, jornais, formulários, livros, panfletos — e gera o tumulto. Palavrório e tumulto geram tanta enxurrada que é difícil escolher as pedras preciosas, as pérolas em uma pilha de cascalho. As pilhas de tumulto aumentam — na verdade, proliferam — nos escritórios, enquanto o palavrório é ouvido nas televisões, rádios, celulares, correios de voz e conversas pessoais. A grande energia da sua mente no início do dia é amortecida quando tenta atravessar a barreira que cerca o palavrório e o tumulto.

Já me falaram com lágrimas nos olhos sobre o tumulto existente nos escritórios. Trouxeram até fotos para comprovar isso, achando que eu talvez não acreditasse se não tivesse uma prova da gravidade da situação. Essas pessoas, indivíduos competentes, caem de joelhos diante do tumulto, como se rezar fosse o único remédio possível. Quando faço perguntas óbvias, como: "Por que não chegam cedo no escritório para fazer uma limpeza ou contratam alguém para fazer isso?", elas me olham como se eu fosse uma criança que não percebesse a natureza avançada da sua doença.

Essas pessoas tentaram todas as curas óbvias, mas permaneceram incapazes de se organizar. Não parece, mas o problema é tão comum que encontrei 2.718 livros na Amazon.com sobre organização e trezentos dedicados ao problema do tumulto. Porém isso não é nada comparado com o que se encontra em pesquisas no Google. Quando procuramos "se organizar", encontramos 430.000 resultados. Quando buscamos a palavra "tumulto", o Google oferece 1.240.000 entradas, e "palavrório", um termo menos comum, aparecem 29.000 resultados.

Administrar o palavrório e o tumulto se tornou uma indústria que por sua vez cria toneladas de palavrório e tumulto. Eu li vários desses livros. Quase todos são cheios de palavrório bobo e, quando são empilhados, criam tumulto. E também conheci muitos "especialistas" em organização. Se alguns são verdadeiros gênios, muitos são desorganizados irrecuperáveis, que tentam fazer dinheiro aconselhando as pessoas a não cometerem os erros que eles conhecem muito bem.

Há megatoneladas de equipamentos e milhões e milhões de metros quadrados de espaço para guardar o tumulto e o palavrório. Fichários, armários, sótãos, porões, caixotes, escaninhos, ferros-velhos, chão dos quartos, armários de cozinha, bolsas, carteiras, malas de carro (para não falar no chão e banco traseiro dos carros), galpões, garagens, latas, colchões, cubículos, cavernas, cofres, barcaças, depósitos de lixo, esgotos e todos os tipos de caixas e latões, estourando para tentar guardar o tumulto retirado diariamente de lojas, casas, escritórios, laboratórios, carros, fábricas e assim por diante. Hoje se pode fazer doutorado em "Lixologia": o estudo de um grupo pela análise do que eles jogam fora. Aliás, tenho um amigo que é professor dessa disciplina em uma grande universidade. Ele teme que o mundo não possa atender às necessidades de armazenamento, eliminação e seleção segura do lixo que criamos.

E quantos trilhões de gigabytes de espaço são usados nos computadores para preservar todo esse palavrório que colocamos nos nossos equipamentos eletrônicos? Sem uniformização, a verdade misturada com ficção, Shakespeare misturado com registros telefônicos, esse banco de armazenagem cibernético é uma das maiores criações na história do mundo. Mas o que vamos fazer com tudo isso? Como se pode lidar com isso? Ainda assim, é muito divertido tentar.

Por todo lado que se vai há palavrório ou tumulto, ou ambos. Não há como escapar. Por exemplo, estou voltando para minha casa, escrevendo este capítulo a bordo de um avião. A xícara do café que acabei de tomar tinha uma coisa escrita. Como sou ligado a palavras, leio o que está escrito. Além dos nomes das empresas, o texto é o seguinte: "O gosto ousado e suave do café ____________________, aliado ao serviço intransigente da Companhia Aérea ____________________. Não é de admirar que sejamos os perfeitos companheiros de viagem."

Ler essas palavras não foi o mal pior. Tive de reagir a elas. Gosto ousado? Conversa fiada. Tomei o café e, podem crer, não era nada ousado. Serviço intransigente? O que isso significa? Significa que ninguém da companhia aérea será transigente com um cliente, todos se comportarão como os burocratas inflexíveis que tornaram tantas companhias aéreas impopulares? Finalmente, "sejamos" se refere a quem? Ao café e à companhia aérea? A pessoa que escreveu o texto pretende se referir ao café e à companhia aérea como se fossem seres humanos? Não fico apenas pensando em todas essas bobagens, também me culpo por ter sido seduzido, por dar à maldita xícara de café a atenção que ela procurava mas não merecia.

Palavrório e tumulto dominam também a enxurrada de informações que aceitamos sem perceber e a que não reagimos mais. Existe publicidade por todo lado, agora até nos cinemas, se intrometendo nas nossas linhas telefônicas, estampada em todas as revistas e jornais, e até mesmo encartada neles, e o jornal de domingo ou o último número da revista semanal muitas vezes vêm com folhetos no meio das suas páginas, nos forçando a notar coisas que normalmente ignoraríamos.

Eu estava há pouco tempo no elevador de um grande hotel, onde as notícias eram transmitidas por uma tela de televisão que não podia ser desligada. Disse à mulher que estava ao meu lado, apontando para a tela: "A senhora não detesta sermos forçados a agüentar isso?" "Já me acostumei", respondeu ela com ar de cansaço. Nós todos nos acostumamos, não é?

Esse palavrório não é apenas intrometido, algumas vezes nós mesmos o convidamos a entrar e até mesmo o criamos. Poucas pessoas ousam dizer o que têm em mente. A conversa se tornou um palavrório, como a carne politicamente correta não tem gosto e a incapacidade de usar palavras simples torna as coisas faladas tão banais. Resmungos transmitiriam mais sentido e força a muitas das chamadas conversas de hoje. Os políticos são especialistas em palavrório, hoje mais do que nunca. O palavrório se espalhou como um fungo, a tal ponto que é impossível não respirá-lo todo dia, deixando-o infectar nossas próprias cabeças.

15
Beisebol cego

Talvez a gente esteja vivendo hoje a tempestade antes da calmaria. Ou talvez a tempestade antes da calamidade. Quem sabe?

Ao passar pela segurança de um aeroporto em uma manhã de junho de 2005 a luz vermelha acendeu, como sempre acende por causa da prótese de titânio no meu fêmur esquerdo (resultante de uma substituição total do quadril). O agente que me apalpou em busca de explosivos começou a perguntar qual era minha profissão enquanto fazia aquele trabalho chato. "Advogado? Médico? Economista? Professor?"

Fiquei surpreso com sua cordialidade e intrigado com seu raciocínio.

— Sou médico e escritor — respondi. — Como sabia?

— Eu trabalhava na indústria, mas fui dispensado um ano atrás quando a empresa se mudou para a China. Creio que empregos como o meu não existem mais aqui. Sobram médicos, advogados, escritores, economistas e outros profissionais cujos salários não são menores na China.

— Este seu emprego agora é bom? — perguntei num tom otimista.

— Tenho cinqüenta anos. Ninguém emprega uma pessoa da minha idade. O emprego não é bom, mas foi o melhor que encontrei. Ganho 14 dólares por hora, o que corresponde a 40% do que ganhava antes. E gasto pelo menos uma hora todo dia para vir ao trabalho e outra para voltar. Não posso me queixar, tenho boa saúde e uma família, mas trabalhar como segurança de aeroporto não é exatamente o que planejei para meu fim de carreira.

— Você não perdeu sua cordialidade — disse eu.

— Talvez perca com o tempo — disse o homem com um risinho.

— Aposto que não — retruquei, tentando encorajá-lo, mas ouvindo a tristeza e resignação na voz do homem. Quando saí pelo portão, estremeci ao pensar no que estava acontecendo com o mundo.

Eu tenho 55 anos, já vivi mais da metade da minha vida, e minha esposa tem 49. Meus filhos têm 16, 13 e 10. Estão começando. Sou otimista por natureza, mas acho difícil não me preocupar com o que espera meus filhos e os filhos deles.

Que tipo de emprego sobrará para eles? Em que condições estará o meio ambiente quando eles e seus filhos crescerem? Quanto a desigualdade entre os muito ricos e os pobres prejudicará nossa sociedade?

Não sendo especialista em qualquer dos campos que analisam esses problemas de forma inteligente, só posso me preocupar com eles, e espero que nossos governantes lhes dêem atenção antes que seja tarde demais.

Minha especialidade — o trabalho da mente — me leva a questões modernas de um tipo diferente, questões nas quais venho trabalhando com meus pacientes e sobre as quais reflito há 25 anos. O problema abordado neste livro é como a vida moderna está afetando nossa forma de pensar, sentir e agir.

O segurança do aeroporto teve de se ajustar em termos emocionais e também econômicos. Viu as esperanças dos seus últimos anos de trabalho irem por água abaixo. Há dezenas ou centenas de milhares como ele, e o número tende a aumentar quando *bilhões* de trabalhadores do mundo todo competirem por empregos em escala global. Isso me leva a pensar se estamos fazendo tudo que podemos para garantir que esse destino não afete nossos filhos ou a nós mesmos.

Assim como a vida superocupada é uma característica nossa, a preocupação também é. As estatísticas mostram que as síndromes de ansiedade estão em alta. E essas são apenas as síndromes percebidas. A preocupação tóxica — aquela acima do necessário — corre solta no mundo, e não só depois do 11 de Setembro. Essa preocupação começou antes disso, no início da década de 1990. Agora o problema atingiu as crianças, basta perguntar a qualquer professor ou profissional da área infantil que ele confirmará o que eu observei de primeira mão: as crianças são mais preocupadas atualmente que em qualquer outra época da história.

Isso não é necessariamente ruim, pois preocupações extras acompanham todos os períodos de mudança, para melhor ou para pior. A vida de muita gente está melhorando nos dias de hoje. O problema é que poucos sabem em que grupo o futuro nos colocará ou em que grupo nossos filhos entrarão mais tarde. Nesse mundo plano, as barreiras de geografia, tempo, classe e camaradagens tradicionais entraram em colapso, permitindo que bilhões de pessoas antes excluídas da corrida para o mundo da riqueza entrem nele.

As águas desse novo mundo estão se reequilibrando, como se a Lua tivesse mudado de tamanho, fazendo com que as marés subam a novas alturas e caiam a baixos níveis em volta do globo.

A água está correndo por onde não corre há séculos, irrigando antigos desertos econômicos — em particular a China e a Índia — e desaparecendo em outros pontos, secando áreas que costumavam ser férteis. Outras áreas que estão sendo fertilizadas não dependem de uma boa geografia, e sim das vantagens de novas oportunidades. O sucesso depende de agilidade mental, desejo e capacidade de aprender, capacidade de adaptação, flexibilidade e criatividade, assim como trabalho duro e habilidade de venda. Não podemos descansar em paz, pelo menos não 99% de pessoas que não são ricas, e mesmo as almas abençoadas financeiramente têm de enfrentar muitas desgraças na vida que não podem ser solucionadas com o dinheiro. Como o homem do aeroporto constatou a duras penas, os dias futuros ainda que remotamente previsíveis acabaram.

A não ser que você seja uma dessas pessoas que acreditam que o juízo final está próximo e que não há nada que possamos fazer para detê-lo, precisa pensar como atuará nesse novo jogo.

Na verdade, o jogo é o mesmo — seguir pela vida, buscar a felicidade, realizar os sonhos e ajudar os outros a realizá-los —, mas a forma de jogar é nova. Estamos agora jogando o que chamo de "beisebol cego". Os jogadores vêem tudo nublado, e o campo se movimenta. Alguém tem de arremessar a bola para alvos que não consegue distinguir direito, e o rebatedor tem de se esforçar para permanecer no lugar enquanto tenta dar uma tacada na bola que não vê com clareza. Todos precisam desenvolver outros sentidos. Se tiver bastante sorte — ou competência — de bater na bola, tem de correr para uma base que não consegue localizar depressa, enquanto outros jogadores tentam freneticamente seguir a bola que não conseguem ver direito, e têm de usar intuição, malícia e qualquer outro artifício para conseguir pegá-la. Se os jogadores continuarem jogando esse jogo confuso, aos poucos sua visão melhorará. Aos poucos verão que o campo não está se movendo, que é uma ilusão criada pela visão deficiente. Aos poucos irão se adaptando. Porém, os que ficarem nas laterais, com medo, permanecerão com a visão nublada, em um campo em movimento contínuo.

O tempo cego em um campo aparentemente em movimento — que é agora — é assustador, porém animador e até mesmo emocionante. Não podemos seguir as jogadas antigas porque elas dependiam de uma visão clara. Para certo tipo de pessoa, isso é uma boa-nova. Finalmente há permissão de jogar fora o velho e inventar o novo. Irreverência, espírito aberto, aptidões pessoais, criatividade, intuição, disposição para arriscar, errar e correr novos riscos — são elementos valiosos, além de sorte. Trabalho duro e trabalho inteligente são vitais, porém, ainda mais vital é se conectar com os outros para não desistir frente à confusão e à incerteza. E programar o que pode ser programado, prever o que pode ser previsto, organizar o que pode ser organizado, para que algumas atividades se tornem automáticas e você possa encontrar seu ritmo, liberando o cérebro para usar a maior parte dos neurônios a serviço do pensamento criativo.

Criar um ambiente emocional positivo e encontrar seu ritmo são as dicas.

Gostar de jogar também ajuda.

16

Novas palavras para novos problemas — alguns com novas soluções

Gemmelsmerch. Lamber tela. Gigaculpa. Inventei novas palavras e expressões para descrever algumas estranhezas da vida moderna. Assim como o automóvel criou termos como engarrafamento, congestionamento e trânsito lento, e surgiram também alguns termos aéreos — como *jet lag* (disfunção física causada por vôos longos, principalmente quando há grande diferença de fuso horário) e *holding pattern* (espera para aterrissar) —, nossas últimas tecnologias estão originando palavras novas ou novos usos de palavras antigas, como fax, blog, byte, RAM, website e muitas outras.

As novas palavras e termos que criei não descrevem a tecnologia em si, descrevem situações ou emoções que precisam de um nome devido às circunstâncias da nossa vida hoje, criadas em parte por nossas várias tecnologias. Algumas das emoções não são novas — como culpa —, mas a representação moderna tem características únicas. Eu inventei a palavra *gigaculpa* para descrever o que existe de novo em termos de culpa hoje. Algumas são atividades que fazemos há anos, como ver televisão, mas a versão moderna dessa atividade se transformou no que chamo de "lamber tela". Uma das palavras é inteiramente sem sentido, foi inventada para descrever uma força da natureza que não tem nome, a força que nos desvia do que queremos fazer. Não foi preciso um nome até agora porque nunca foi tão presente ou perigosa como é hoje. O nome que criei deu título ao capítulo 13: "Gemmelsmerch".

Ofereço também algumas idéias sobre como lidar com os problemas descritos por cada termo. Embora algumas sejam eternas — como culpa —, precisamos de métodos para lidar com os assuntos que são específicos das manifestações modernas. Outros assuntos — como lamber tela — são novos e exigem não apenas métodos para se lidar com eles, como conscientização de que existem e podem causar grandes problemas.

LAMBER TELA: Uso de energia se ligando a qualquer tela — por exemplo, computador, video game, televisão, celular. Exemplo: "Eu devia escrever aquele artigo, mas passei a tarde toda lambendo a tela." Ou, "Não terminei minha tese de doutorado principalmente porque passo tempo demais lambendo a tela, fingindo que estou pesquisando." Ou: "Eu tinha uma vida sexual, mas agora passo todas as minhas noites lambendo a tela, e quando vou para a cama meu marido já está dormindo."

Dominada por uma força misteriosa, a pessoa pode ficar muito tempo sentada depois de terminado o trabalho ou depois de terminado o programa que queria ver, com os olhos grudados na tela, sem perceber o que está vendo, mas sem conseguir se desconectar e desligar a televisão.

Uma espécie de vício moderno, lamber a tela pode criar sérios contratempos se não for controlado.

Lamber tela é um problema de difícil solução porque é feito instintivamente. Para combatê-lo é preciso estar consciente de que ele poderá surgir toda vez que você se conecta à internet ou liga a televisão. É semelhante a beber álcool: depois que você começa, precisa ter cuidado com a quantidade consumida. Se o problema se tornar grave, coloque um despertador ao seu lado e ponha para despertar na hora em que quiser se desconectar.

Sanguessugas e lírios: Na vida moderna, seu tempo e atenção podem ser roubados com mais facilidade que nunca. Sanguessugas são pessoas ou projetos que tomam seu tempo e atenção. Deixam você sem ação, imaginando por que entrou nesse tipo de trabalho, nessa família ou nessa cidade. Lírios, por outro lado, são pessoas ou projetos que o deixam realizado e satisfeito, feliz por estar vivo e fazendo esse trabalho. É uma boa idéia se livrar de quantas sanguessugas puder em vez de tentar terminá-las (se forem projetos) ou torná-las felizes (se forem pessoas). E é uma ótima idéia cultivar bem os lírios.

As pessoas têm dificuldade de se livrar das sanguessugas por várias razões. O hábito é uma delas. Culpa é outra. Teimosia é a terceira, e medo a quarta. Se você acha que é "amigo" de alguém que não se comporta como amigo, não há razão para não se distanciar dele. Deixe que ele desperdice o tempo de outra pessoa ou magoe outra pessoa. Tente fazer o máximo com o pouco tempo que tem neste planeta.

Se teimar em fazer com que um projeto falho seja bem-sucedido, pense que poderia usar seu tempo de forma muito melhor. Várias pessoas perdem anos tentando se sair bem em uma coisa que fazem mal, em vez de tentarem fazer aquilo em que são boas.

Se você tem o hábito de tolerar sanguessugas, acorde! A vida é curta. Não deixe o hábito comandar suas ações.

Flechas destruidoras: Como a maioria das pessoas faz mais do que pode, é muito difícil manter o controle de tudo. "Flecha destruidora" é o termo que uso para uma obrigação que você esqueceu de cumprir e que de repente vem à sua consciência como uma flecha envenenada. Você pode estar muito feliz dirigindo seu carro, preparando um jantar, ou lendo um livro, quando sem mais nem menos uma obrigação esquecida (o presente de aniversário do seu marido, o texto que prometeu escrever para seu amigo, a conta que esqueceu de pagar) invade sua consciência e espalha toxinas por todo o seu corpo, deixando-o na mesma hora ansioso e distraído.

A solução é planejar como vai cuidar do problema assim que a flecha destruidora o atingir. "Vou pensar nisso mais tarde" não é um plano. A flecha ficará presa, gotejando seu veneno. É preciso dizer a si mesmo quando e como vai cuidar do problema, e seu monitor interno precisará aprovar o plano. Assim, a flecha cairá e você poderá continuar sem dor.

VEM ou Voz de E-Mail: A voz tem um tom estranho quando alguém lê um e-mail enquanto conversa com você no telefone. Embora sutil, é inconfundível. Você pode ignorar esse tom, pedir que a pessoa pare de ler o e-mail, ou você mesmo ler um e-mail enquanto fala no telefone. O mesmo ocorre com a voz de alguém que está vendo televisão enquanto fala com você, lendo o jornal ou ouvindo um jogo de futebol pelo rádio.

Foi desenvolvido no Instituto de Tecnologia de Massachusetts (MIT) um programa para monitorar sua atenção eletronicamente quando você fala no celular. O aparelho, chamado "Jerk-O-Meter", ainda não é muito preciso. Mas em pouco tempo modelos mais sofisticados poderão surgir. Segue abaixo o que a Associated Press falou sobre isso, em 12 de agosto de 2005:

> *Os pesquisadores do Instituto de Tecnologia de Massachusetts estão desenvolvendo softwares para telefones celulares, que analisariam tipos de fala e tons de voz para classificar o interesse da pessoa em uma conversa — em uma escala de 0 a 100%.*
>
> *Anmol Madan, que dirigiu o projeto quando fazia mestrado no instituto, considera o Jerk-O-Meter uma ferramenta que*

pode melhorar relacionamentos, não terminá-los. Ou pode ajudar vendas por telefone e trabalhos de marketing.

"Pense em uma situação em que você poderia realmente evitar uma discussão", disse ele. "Com esse aparelho as pessoas ficariam mais atentas porque sabem que estão sendo monitoradas."

O programa, que segundo Madan está quase pronto, usa algoritmos matemáticos para medir níveis de estresse e empatia na voz da pessoa. E controla a freqüência com que a pessoa fala.

Quase ninguém precisa de um Jerk-O-Meter para saber se um dos dois está prestando atenção na conversa. A VEM é detectável a "ouvido nu", por assim dizer.

A função da VEM é avisar quando isso ocorre. É o sintoma de uma vida atribulada. Embora seja uma grosseria, é tão comum que chega a ser rotina. Se não quiser que alguém fale com você enquanto faz outra coisa, mostre isso com gentileza. Deve ser suficiente para a pessoa voltar a se interessar pela conversa depois. Se você fizer isso, pense como é desagradável quando lhe fazem o mesmo. Mas você pode simplesmente conversar com alguém que está enviando um e-mail.

GIGACULPA: A tecnologia do computador e seus *gigabytes* de memória ampliaram direta e indiretamente tanto o número de itens que precisamos ter em mente (número grande, finito) ou que *podemos esperar* ter em mente (número imenso, praticamente infinito), que a chance de deixarmos escapar alguma coisa agora é enorme. É uma probabilidade de 100% para a maioria das pessoas. Isso cria culpa, muita culpa, uma culpa constante, culpa de manhã, culpa à noite, culpa durante todo o dia. Gigaculpa refere-se à culpa que sentimos quando deixamos algo escapar ou desapontamos alguém, mesmo sabendo que se lembrar de *tudo* é impossível e ter tempo suficiente para agradar a *todo o mundo* é igualmente impossível.

A culpa por não ter feito o suficiente não é nova. A novidade são os *gigabytes*, que ampliaram as possibilidades de culpa de forma tão dramática.

Como muitas emoções dolorosas, a gigaculpa não segue bem a razão. Não é razoável esperar o impossível de si próprio, porém muita gente se sente culpada quando não consegue o impossível, embora saiba muito bem que isso é impossível.

O melhor remédio que conheço para a gigaculpa é complementar a razão com uma estrutura. Estabeleça limites para seus compromissos. Reserve tempo para o que mais lhe interessa, e se sentir culpa por não dar atenção aos outros nesses momentos lembre que não seria de grande utilidade para eles se você nunca tivesse um tempo só seu. Ficaria deprimido, exausto, impaciente, ressentido, se sentiria ineficiente.

Além disso, crie um sistema de controle dos seus compromissos. Por exemplo, faça apenas um trabalho voluntário de cada vez. Ou atenda apenas certo número de clientes ou pacientes de uma vez. Não receba telefonemas quando estiver jantando. Estabeleça uma hora certa para ligar para sua mãe para não se sentir culpado e para ela saber que vai receber seu telefonema. Desenvolva um sistema para lidar com todas as solicitações que lhe fazem regularmente para não ter de decidir na hora se vai aceitá-las.

Finalmente, converse consigo mesmo, ou com outra pessoa, para se convencer de que não pode fazer tudo para todos nem tanto quanto gostaria.

A gigaculpa por si só é inevitável para certo tipo de gente — isto é, quando a pessoa é boa. Até que ponto você deixa a gigaculpa comandar sua vida é que *pode* ser controlado.

ABANAR O RABO: Acelerar seu ritmo de vida ou exercer mais pressão — sobre você mesmo, seus filhos, seu trabalho, seu cônjuge — simplesmente para viver como os outros. Abanando o rabo, você faz mais do que deseja fazer para todos, pois tem medo de que fiquem para trás na grande corrida da vida. A respeito disso há muitos mitos, como: a criança que tem um computador caro tem sucesso na escola, dirigir uma Mercedes faz bem à alma, ser sócio de um clube enriquece sua vida, ter uma piscina é uma necessidade, uma festa de aniversário escandalosamente cara para uma filha de 15 anos é o rigor da moda. Esses mitos são as filas da vida nas quais entramos. Quantas pessoas você conhece que planejam uma festa de aniversário que não podem pagar só porque um dos amigos dos filhos deu uma festa cara?

Embora esse fenômeno que chamo de "abanar o rabo" sempre tenha existido, a desconexão social da cultura moderna enfraqueceu os laços com os outros a tal ponto que não conseguimos nos afirmar sem esses absurdos que mantêm as aparências, em primeiro lugar.

A solução a longo prazo para esse problema é refazer a conexão com nossa cultura. Nesse meio tempo, devemos manter nossas convicções e não comprar presentes só porque o outro compra, não pagar por aulas particulares desnecessárias só porque outro aluno paga.

KUDZU: Uma trepadeira importada sem o nosso conhecimento do sudeste da Ásia para o Ocidente. Depois que enraíza, se espalha rapidamente, invadindo quilômetros e mais quilômetros, e não há como acabar com ela. As raízes descem a trinta metros ou mais, raízes grandes e alaranjadas, semelhantes a tentáculos gigantescos de uma lula monstruosa em um filme de horror. Para o propósito desse livro, "kudzu" é o termo que aplico às caixas e pilhas de papéis que invadem nosso trabalho e nossa casa, à onda incessante e inacabável de pequenas solicitações inesperadas vindas de todos os lados, ao *spam* e outras mensagens indesejadas que infestam nosso e-mail, ao lixo que invade nossa correspondência, e às informações inúteis que continuamos a receber apesar de não querermos.

Um dos grande remédios contra o kudzu físico é a sigla CDSUV: Cuide Disso Só Uma Vez. Quanto se trata de um documento, uma revista científica ou um item concreto, tente: 1) responder imediatamente; 2) etiquetar e pôr em um arquivo, não em uma pilha; ou 3) jogar fora. Na maioria dos casos a última escolha é a melhor.

Quanto às solicitações que vêm de todos os lados, o melhor remédio é um bloqueio. Não deixe chegarem até você. Se não souber das solicitações, não sentirá culpa de não atendê-las. Esses bloqueios podem ser feitos da forma que for melhor para você. Mas não deixe a porta aberta para todos. Isso já foi uma boa idéia, digamos, dez anos atrás. Hoje é como abrir a porta da casa cercada por uma enchente.

GEMMELSMERCH: Gemmelsmerch é ainda mais perigoso que o kudzu. Como falei no capítulo 13, é a minha palavra para a força que desvia o espírito ou afasta-o do que ele quer fazer ou deve estar fazendo. Gemmelsmerch não tem nenhum sentido, inventei essa palavra bem complicada para descrever essa força também complicada. Acidentes na estrada são de alto gemmelsmerch, que forçam os motoristas a andar mais devagar e a espiar a cena com ar imbecilizado. Uma britadeira junto à sua janela é de alto gemmelsmerch. Receber a notícia de que sua declaração de imposto de renda vai passar pela malha fina é de alto gemmelsmerch.

Os programas de televisão — ou quase tudo que aparece em uma tela — são de alto gemmelsmerch; as telas exercem uma misteriosa atração no globo ocular do homem que a ciência ainda está por explicar. Conversa fiada no rádio é de alto gemmelsmerch. De todas as coisas, sexo e violência são as de mais alto gemmelsmerch. Como que coberto por uma nuvem radioativa, o mundo nunca esteve com gemmelsmerch tão alto quanto hoje. Reduzir o gemmelsmerch no seu ambiente e aprender a resistir ao seu impulso são habilidades modernas de sobrevivência da maior importância.

Para soluções referentes ao gemmelsmerch, leia o capítulo 28.

Energia matinal: A hora do dia em que você está mentalmente mais descansado, mais apto a se concentrar e pensar com clareza, com menos aborrecimentos e novas tarefas, mais capaz de orientar sua cabeça a fazer uma única tarefa. Para a maioria das pessoas isso ocorre de manhã, daí o nome. Mas para outras ocorre ao meio-dia ou até à noite. Na vida moderna, é importante saber quando sua energia matinal ocorre para tirar total vantagem dela nessa hora e fazer seu trabalho mais importante e mais difícil.

Falha matinal: O que sua energia matinal pode se tornar quando você não se protege contra intromissões.

Tempo furado: Esse termo descreve as várias atividades em que nos metemos antes de realizar a tarefa principal, deixando pouco espaço para ela. Por exemplo, você se senta na mesa de trabalho com a intenção de escrever uma circular importante que precisa ser enviada em breve. Mas, quando liga o computador, em vez de começar a escrever, checa primeiro seus e-mails e acaba dedicando 45 minutos do seu tempo a isso. O correio eletrônico é um clássico consumidor de tempo furado. Você pode passar horas lendo e-mails sem perceber, deixando tempo insuficiente para o que realmente precisa ser feito. Outros consumidores de tempo furado são o telefone celular, correio de voz, mensagens instantâneas, jornais, revistas, a televisão em geral ou os colegas que enfiam a cabeça pela porta e dizem: "Não quero interromper, mas..."

TELEFONEMANIA: Um fenômeno cansativo mas muito conhecido que está se tornando antiquado à medida que todo o mundo hoje tem celular e não usa tanto o telefone fixo.

INTERRUPÇÃO DE CONVERSA: Se as conversas eram interrompidas ao longo da história, hoje são interrompidas com tanta freqüência que uma conversa longa é algo tão raro quanto tomar três martínis. Na verdade, talvez depois de três martínis você ignore os vários sinais que desviam sua atenção e se esforçam para interromper qualquer conversa.

EMPILHAÇÃO: O fenômeno do seu chefe, seu cônjuge, seus filhos, os professores deles, ou simplesmente o destino empilharem tarefas sem fim nas suas costas, como se você conseguisse cumprir todas. Tente criar o hábito de dizer "Pare!" ou "Chega!" antes de ficar tão desesperado a ponto de pular no pescoço da próxima pessoa que lhe pedir um favor.

INFOMANIA: Embora sempre tenha havido gente louca por informações, nunca houve tanta informação disponível como hoje. Podemos receber informações o dia todo de uma variedade de fontes — televisão, internet, jornais, rádio, e até mesmo essas relíquias chamadas livros — e ainda querer receber mais. A vontade de saber das novidades, das últimas notícias, do que está acontecendo de segundo a segundo pode se tornar um vício, e o viciado passa a confiar totalmente no julgamento alheio para a seleção de informações. Depois de algum tempo, nada acontece na sua vida a não ser o que os outros decidiram que está acontecendo no mundo.

Como mais um paradoxo da vida moderna, o infomaníaco perde a capacidade de fazer algo de novo na vida tentando acompanhar tudo o que as outras pessoas estão fazendo.

Momento humano *versus* momento eletrônico: O momento humano ocorre quando duas ou mais pessoas se encontram pessoalmente e se conectam. A pessoa que está zanzando por um shopping rodeado de outras pessoas não se encontra em um momento humano, pois não está se conectando com ninguém. O momento eletrônico ocorre quando você entra em contato com alguém através de dispositivos eletrônicos, como telefone, celular, e-mail ou fax. Hoje, os momentos humanos são cada vez mais substituídos por momentos eletrônicos. Existe menos contato físico entre as pessoas. Os jantares de família, os bate-papos e as reuniões com presença física foram substituídos por conversas no celular ou pela internet e teleconferências. O momento eletrônico é altamente eficiente, rápido e fácil, porém o momento humano transmite muito mais informações: tom de voz, linguagem corporal, expressão facial, e todas as dicas não-verbais que constituem a parte vital da comunicação humana. O momento eletrônico é ótimo para transmissão de informações, mas por mais emoção que haja na imagem o melhor é ter o momento humano.

Tempo eletrônico: Tempo gasto com dispositivos eletrônicos, incluindo televisão, computadores, internet, e-mail, celular, iPod, video games e outros. Excesso de tempo eletrônico e poucos momentos humanos levam a um problema médico ainda sem nome, cujos sintomas são perda de vitalidade pessoal, incapacidade de conversar, necessidade de estar sempre em frente a uma tela e baixo grau de depressão.

Multiação: Uma multitarefa de baixo resultado. Multitarefa é um termo da engenharia de computação. É o que o computador faz nos microssegundos entre os vários toques no teclado durante uma digitação. Esse termo passou a ser usado para indicar várias tarefas simultâneas. Para a maioria das pessoas, a multitarefa é excitante, às vezes necessária, mas raramente dá tão bons resultados como quando dedicamos toda a atenção a uma só tarefa.

Quase todo mundo faz várias coisas ao mesmo tempo, depressa, achando que está ouvindo, escrevendo e lendo. Na verdade, como trocamos a atenção de uma coisa para outra muito depressa, todas as atividades parecem acontecer simultaneamente. Mas não acontecem. Além do mais, a qualidade de cada ação não é tão boa como quando nos concentramos em uma só.

Em termos de qualidade, aprendi uma coisa com o DDA. Algumas pessoas, eu mesmo inclusive, trabalham melhor quando acompanhadas por um elemento extra, como música. Alguns garotos realmente fazem melhor o dever de casa vendo televisão. Se você observar bem, verá que eles não estão prestando tanta atenção na televisão, mas gostando da sua companhia. Para ter certeza disso, faça a seguinte experiência: cheque a qualidade do seu trabalho com música e sem música.

Trabalhei com um homem que escrevia melhor em pé que sentado. Algum estímulo sensorial quando ele ficava em pé o ajudava a concentrar-se. O norte-americano Thomas Wolfe escrevia a maioria dos seus romances em pé. Sua mesa era bem alta.

ZANGAFUSO: Esse termo, uma combinação de zangado com confuso, refere-se à sensação que você tem quando uma pessoa, sem pedir licença nem se explicar, pega o celular dela para telefonar ou retornar um telefonema enquanto vocês estão caminhando, comendo, andando de carro ou fazendo qualquer outra coisa juntos. Uma variante dessa mesma sensação é quando uma pessoa na mesa, sala ou banco ao lado faz a mesma coisa. Quando o estado zangafuso aumenta, pode se instalar uma raiva.

À medida que a vida for evoluindo, desenvolveremos uma nova maneira de lidar com essas situações, mas ainda não está claro como será. Talvez seja considerado pouco gentil atender o celular quando você estiver com alguém, como seria acender um cigarro na igreja. Ou, conforme a conveniência, venha a ser gentil ficar em silêncio e esperar seu companheiro resolver um assunto importante no celular.

Efeito spray: É o que ocorre com sua atenção se você não tiver cuidado. Há tanta coisa que você precisa fazer todo dia, além do que poderia fazer, que sua atenção se espalha em várias direções ao mesmo tempo, como água em uma mangueira de jardim cujo esguicho foi ajustado para molhar uma área grande. É melhor ajustar o esguicho para um jato forte. Focalize sua atenção em uma direção com força total para poder cuidar de um problema ou tirar vantagem de uma oportunidade, sem diluir seu esforço e usar a multiação.

Megapolvo: Esse molusco gigante o persegue diariamente. Aonde quer que você vá, o megapolvo estende seus tentáculos para agarrá-lo e impedir que você faça o que está tentando fazer. O megapolvo é feito de todas as pessoas que querem um pouco do seu tempo, todas as tarefas que você deve realizar, todos os lugares aonde deve ir, todas as oportunidades que pode aproveitar, todas as tentações às quais tenta resistir, todas as esperanças que já teve e também todos os medos — em suma, tudo que pode surgir para desviá-lo da tarefa que você está tentando completar agora.

A melhor forma de combater o megapolvo é saber que ele está lá. Não caia na armadilha de acreditar que deve fazer tudo que lhe pedem ou que poderia fazer. O megapolvo depende de você acreditar nisso. Você só pode fazer o que pode, e fará melhor o que puder fazer se não estiver tentando freneticamente arranjar mais um tempinho para uma tarefa extra. Corte esses tentáculos quando eles começarem a agarrá-lo.

Esquecemania e perdemania: Se as pessoas sempre tiveram problemas de esquecer e perder coisas, a pressa e a enxurrada de hoje fazem com que milhões de pessoas achem que sofrem de mal de Alzheimer precoce. Consultam médicos para saber se têm esse tipo de doença, pois juram que sua memória está enfraquecendo rapidamente e não conseguem se lembrar das coisas como antes.

"Esquecemania" e "perdemania" são as manifestações modernas desses problemas próprios dos idosos. A quantidade de informações e itens que precisa ser lembrada e organizada hoje é enorme. O que parece esquecimento causado por um problema neurológico é realmente esquecemania, esquecimento causado por sobrecarga de informações. E o que parece uma tendência a perder coisas devido a um tipo de deterioração do cérebro é realmente perdemania, tendência a perder coisas porque a pessoa tem muito mais para controlar do que o cérebro é capaz.

As soluções para esses dois problemas são mecanismos de ajuda — listas e lembretes, sistemas de arquivamento e programas de computador — e delegar a terceiros as tarefas de lembrar e organizar sempre que possível. Colocar certos itens no mesmo lugar sempre que terminar de usá-los ajuda a combater o problema da perdemania. Além disso, é bom estabelecer limites quanto à quantidade de coisas que você pretende lembrar ou controlar.

Rápido: Sinônimo moderno para bom. Para ser bom, você precisa ser rápido.

Devagar: Sinônimo para angustiante (realmente devagar), chato (normalmente devagar) ou de baixa qualidade (sem nenhuma velocidade). Por exemplo, um namoro devagar pode ser angustiante ou chato. O mesmo acontece com um filme, um livro, um dia, um emprego, um fim de semana ou uma conversa. Com a idade, o devagar perde lentamente seu sentido negativo.

17

Um alfabeto de razões para vivermos tão ocupados

"É normal", perguntou uma das minhas pacientes com toda a sinceridade, "meu marido deixar o celular ao nosso lado quando fazemos amor?". No momento em que essa mulher disse que não estava certa se o comportamento do marido era inaceitável, ou louco, tive certeza de que tínhamos criado um novo mundo. Se receber e enviar mensagens pode ser tão importante que nada pode atrapalhar, nem mesmo fazer amor, e se um parceiro íntimo pode duvidar se tem direito de se aborrecer com a intrusão do celular no quarto, vejo que o mundo novo enlouqueceu com esse vício de mensagens.

Muitas vezes precisamos desligar o celular e dar total atenção à outra pessoa, face a face. Fazer amor seria uma dessas situações, mas há outras. Sempre que a emoção é importante, sempre que os detalhes contam, sempre que os assuntos são complexos e precisam ser explicados, ou o momento é alegre e precisa ser celebrado, devemos estar fisicamente presentes, sem desviar a atenção.

Com muita freqüência, nos permitimos misteriosamente um lamber tela com suas mensagens sedutoras, deixando de lado um momento humano muito mais rico e satisfatório de interação física.

Fabricantes de milagres tecnológicos anunciam orgulhosos que seus produtos são capazes de oferecer aos usuários acesso instantâneo a qualquer pessoa, lugar ou momento de vários modos: voz, escrita ou imagem. Fantástico. Podemos enviar e receber mensagens enquanto fazemos qualquer outra coisa em qualquer outro lugar.

Podemos ter a tentação de viver *on-line*, plugados, fazendo *download* a toda hora. Da mesma forma que os viciados, que fazem de tudo para conseguir droga, descobrimos um novo vício bastante atraente e forte. Todos nós temos um pouco do vício do celular, não é verdade? E achamos esses aparelhos cada vez mais irresistíveis, não é?

Por outro lado (caso você não tenha notado, a meu ver a vida moderna é cheia de "outros lados", paradoxos e complexidades), quando você considera as "vantagens" de um celular e sonha com elas, como se sonha com um orgasmo, se imaginando capaz de estar em todo lugar e fazer tudo 365 dias por ano, talvez se sinta excitado. Mas essa idéia não é meio doentia? "Posso estar em contato com qualquer parte do mundo" tem uma diferença bem pequena de "*Preciso* estar em contato com *qualquer parte do mundo*".

É realmente maravilhoso poder usar o celular ou o laptop em qualquer lugar enquanto se espera algo. Eu mesmo faço isso o tempo todo. Para os ingênuos, e há milhões deles, pode parecer uma oportunidade tão irresistível que acaba se tornando um verdadeiro vício. Mas você pode pensar o seguinte: esses aparelhos substituem o quê? Como fazíamos, digamos, no aeroporto enquanto esperávamos um vôo antes de surgirem os celulares e laptops? Esperávamos relaxados? Conversávamos em telefones públicos? Líamos? Dormíamos? Criávamos novas idéias? Conversávamos com os outros? Comíamos? Bebíamos? Nos divertíamos? Provavelmente tudo isso foi substituído, menos a diversão. Que maravilha podermos transformar esse tempo perdido em tempo produtivo! Certo?

Mas cuidado. Só é maravilhoso se você dominar a tecnologia, em vez de se deixar dominar por ela. A capacidade atual de levarmos conosco o escritório e todos os contatos aonde quer que vamos faz com que estejamos sempre nos mesmos lugares. O local importa cada vez menos. Vivemos cuidando de mais e mais mensagens, processando mais e mais informações, e corremos de um lado para o outro para conseguir ainda mais. Em que hora paramos para pensar? Em que hora ficamos pensando sobre uma idéia? Em que hora fazemos amor?

Se não tivermos cuidado, começaremos a ler e enviar mensagens em todo lugar que formos. No almoço com uma amiga, num engarrafamento ou até quando estivermos fazendo um exame clínico. Por que não?

Não há como fazer parar esse mundo eletrônico atual, nem queremos que ele pare. É um mundo espetacular que nos leva à prosperidade. Realizamos grandes coisas nos dias de hoje. Estamos nos livrando cada vez mais de escritórios, fios, encontros chatos e tempo ocioso.

Mas eu pergunto: qual é a graça? Que prazer esses dispositivos eletrônicos nos dão? Por que tanta gente sonha em estar em contato constante em todo lugar e sempre? O que é tão importante nessas milhares de mensagens? Por que elas não podem esperar? Sempre esperaram. Por que vivemos ocupados, sempre por dentro das últimas informações, das notícias mais recentes, da última cotação da bolsa, dos e-mails recém-chegados, em vez de querermos ler um bom livro, pensar em alguma coisa por mais tempo, nos deliciar com um longo beijo ou simplesmente ficar olhando pela janela uns dois minutos?

É claro que a maioria das mensagens *pode* esperar, e em geral é o que fazemos. Nossas máquinas recebem e-mails o tempo todo, e muitos programas fazem a seleção e nos avisam quando temos mensagens. Mas ninguém responde o tempo todo. Ainda somos bastante sensatos para deixar as mensagens esperando para serem lidas ou ouvidas.

Por outro lado, agimos como se fôssemos seres antiquados quando não podemos usar os aparelhos eletrônicos. Quando o avião aterrissa, todos começam a ligar os celulares. Uma espécie de agitação coletiva toma conta do avião quando passageiros que não puderam ver seus e-mails durante uma longa viagem voltam a se conectar. Ninguém mais fuma, mas o antigo vício da nicotina foi substituído pelo vício do mundo conectado.

Por que temos de viver tão ocupados?

Vivemos tão ocupados porque:

a) ***Podemos.*** Você é capaz de imaginar como nos *entediávamos* antes da era dos celulares e e-mail?

b) ***Queremos.*** Nada se compara à excitação de checar os e-mails a cada dez minutos ou checar as notícias 65 vezes por dia.

c) ***Precisamos.*** O lobo está na porta. É nosso concorrente, e a fila está andando o tempo todo.

d) ***Achamos que precisamos.*** Todas as pessoas inteligentes dizem que a vida é realmente insegura hoje em dia, então é melhor nos ocuparmos a fim de nos preparar para os maus tempos futuros.

e) ***Viver ocupado é divertido.*** A velocidade é a curtição da vida moderna. (Não a velocidade da droga, mas o sentimento que se tem fazendo tudo depressa.)

f) ***Deixamos muitas sanguessugas entrar na nossa vida.*** (Veja capítulo anterior para definição de sanguessuga.)

g) ***Fazemos coisas demais.*** Você conhece alguém que não faz?

h) ***Somos solicitados demais.*** Você não gostaria de ser uma dessas pessoas duronas que sabem realmente dizer não e mantêm sua palavra?

i) ***Deixamos que a tecnologia nos domine em vez de dominarmos a tecnologia*** (telefone celular, computador, e-mail, correio de voz, internet, e assim por diante). Hal, o computador inteligente do filme *2001: Uma odisséia no espaço*, ri quando nos vê correndo para nos atualizarmos com os computadores de hoje em dia.

j) ***Trabalhamos duro, mas não de forma inteligente.*** Mais uma vez, "trabalhar de forma inteligente" é um conselho comum. Não é uma novidade. Ninguém tenta trabalhar de forma burra. Então por que fazemos isso? Pela mesma razão que não ouvimos quando alguém nos mostra um caminho mais curto para chegar a um lugar.

k) ***Estar sempre ocupado é símbolo de status.*** Não é estranho isso?

l) ***Temos medo de ser deixados de lado ou de perder alguma coisa se diminuirmos o ritmo.*** Isso é "abanar o rabo", conforme definido no capítulo anterior.

m) ***Temos medo de não manter o padrão de vida se não vivermos superocupados.*** "Abanar o rabo" de novo.

n) ***Podemos evitar o sofrimento da vida.*** Sofrimentos como o caos, a crueldade humana sem sentido, e gratuita, a morte, o aquecimento global, a aids, a ameaça nuclear, o terrorismo, e todos os outros problemas com os quais não sabemos lidar.

o) ***Podemos evitar tudo que é difícil e que não queremos fazer.*** Como tentar realizar aquele sonho que vivemos adiando ou ajudar nosso filho a fazer o dever de casa.

p) ***Não devemos sentir culpa quando não fazemos nada.*** E ainda assim conseguimos sentir culpa!

q) ***Alguém na nossa vida nos convenceu que cabeça vazia é a oficina do diabo.*** Você não detesta esses ditados e frases que aprendemos na infância? A que eu mais detesto é: "A perfeição é feita de pequenos detalhes, não é apenas um detalhe."

r) ***Todo mundo vive ocupado.*** Portanto, viver ocupado deve ser o certo. Macacos de imitação. Bem-vindos ao zoológico.

s) ***É uma boa desculpa*** para não ir a festas às quais não queremos ir, visitar gente que não queremos visitar ou explicar ao vizinho por que não o convidamos para um churrasco, juntamente com seus amigos insuportáveis, superficiais e fúteis; para não falar no contato com aquele parente cujas opiniões nos dão vontade de dar um soco na sua cara.

t) ***Não nos entediamos quando estamos ocupados.*** O ator George Sanders deixou um terrível bilhete suicida dizendo que tinha decidido deixar esse mundo porque estava entediado. Mas acho que podemos estar ocupados *e* ainda assim entediados.

u) ***Não precisamos pensar muito.*** Que alívio!

v) ***Viver ocupado é melhor que não saber o que fazer.***

w) ***Acreditamos que viver ocupado é a melhor forma de chegar aonde queremos.***

x) ***Estamos tentando arranjar tempo para não termos de ficar ocupados.***

y) ***Não sabemos como não viver ocupados.***

z) ***Por tudo isso descrito acima.***

Se acha que a resposta é a letra *z*, concordo com você.

18

Por que as mulheres trabalham mais que os homens

Vou usar minha esposa como exemplo. Ela trabalha em meio expediente como psicoterapeuta, e no restante do tempo organiza a vida de nossos três filhos e cuida da casa. É uma tarefa monstruosa. Fico maravilhado com seu planejamento do dia, é como se ela fosse um controlador de tráfego aéreo gerenciando a entrada e saída contínua de aviões — só que os vôos que precisa controlar chegam sem aviso. O que fazer quando um filho esquece um livro importante na escola na sexta-feira e no domingo à tarde não pode fazer o dever de casa por causa disso? Que filho precisa ser apanhado, onde e quando? Quem vai levar as crianças para a escola? Qual é o dia da escolinha de futebol? Qual é o dia do dentista? Quem pode buscar o violino que meu filho deixou em casa? O que vai cozinhar para o jantar hoje? Que loja está em liquidação? A quem encaminhar a paciente que viu ontem? Há alguma mensagem no correio de voz? Quando vai poder arranjar um momento para ler seus e-mails? Terá tempo para ir à ginástica? O que vai fazer para o almoço? A filha guardou a roupa limpa, ou vamos ter uma grande briga sobre isso hoje à noite? Como pode explicar ao treinador do filho que ele jogaria muito melhor em outra posição sem parecer uma mãe intrometida? Sua consulta é nessa semana ou na outra? Ela terá tempo de pegar a filha antes do filho ou terá de pegá-lo antes e deixar a menina esperando? Meu marido (sou eu) vai viajar amanhã ou depois de amanhã, e quando volta? E quem vai cuidar das crianças se ele não voltar até quinta-feira?... Tudo isso pode ser interrompido, e em geral é, quando o celular toca para dizer que um dos seus filhos está doente e precisa ser apanhado na escola, ou a amiga de um dos seus filhos quer dormir na sua casa, ou um dos seus pacientes está em crise.

Minha esposa tem um limite, um limite muito alto. Mas, quando ela ultrapassa esse limite, comete erros. São geralmente erros pequenos — ela nunca esqueceu a cadeirinha de bebê no teto do carro nem pôs fogo na casa porque esqueceu de desligar o gás —, mas os pequenos erros a perturbam demais, pois seus padrões são muito rígidos. Ela fica com raiva de si mesma, com raiva dos outros (como eu), e perde o ritmo do que estava fazendo, embora tenha mais capacidade de se corrigir que qualquer pessoa que eu conheço. Sempre me surpreendo ao ver que consegue dar conta de todas as suas obrigações. E também me surpreendo ao ver que faz muito mais — incrivelmente mais — do que minha mãe fazia.

Essa é a vida moderna da mãe que trabalha. E também a vida do pai que trabalha e assumiu as responsabilidades de ajudar com as crianças e a casa. Mas em geral a mulher é a responsável básica pela família, além de ganhar dinheiro. Ela cuida da cozinha, organiza dezenas de pedidos e está sempre pronta para pedidos extras vindos do balcão às suas costas.

19

O Fusca do seu pai não — nem o Toyota

Para o homem e a mulher que trabalham mas não têm filhos a vida também é acelerada e turbulenta. É mais fácil para o pai que trabalha (como eu, por exemplo) do que para a mãe que trabalha (como minha esposa, por exemplo), mas o princípio é o mesmo. Meu tempo não é tão requisitado e de formas tão variadas quanto o tempo dela, mas ainda assim sou mais requisitado do que seria 25 anos atrás e muito mais do que meu pai sempre foi. Simplesmente porque hoje tenho um celular, um laptop, um site na web, um e-mail, um fax, coisas que eu não tinha há 25 anos, quando comecei minha carreira. Meu pai morreu antes que fosse possível imaginar esse tipo de vida.

Checo meus e-mails diariamente, em geral várias vezes ao dia; checo o correio de voz pelo menos duas vezes ao dia, geralmente mais; mando mensagens para a minha equipe do escritório o tempo todo; levo o celular para onde vou; e tenho fax no escritório e em casa. Estou sempre disponível. E gosto disso. Consigo fazer muita coisa. A vida é excitante.

Mas é uma tortura quando minha caixa de entrada fica entupida. Quando mensagens *demais* exigem que eu faça coisas *demais*, quando tenho de terminar a qualquer custo um artigo com prazo vencido *e* preparar uma conferência para o dia seguinte *e* atender um chamado urgente de um paciente — *e* telefonar para a companhia de seguro para falar da árvore em que bati porque estava com muita pressa —; fico desagradável, irritado, impaciente, ineficiente e grosseiro.

Como tenho três profissões — escritor, palestrante e psiquiatra — e desempenho três outros papéis importantes na vida — pai, marido e amigo —, aprendi a equilibrar minhas obrigações e a guardar na cabeça uma longa lista de coisas a serem feitas, como milhões de outras pessoas. Minha lista aumenta quando penso nela, por isso tento não pensar.

Como a maioria das pessoas hoje em dia, estou sempre ocupado, e não saberia viver de outra forma. Como fazia há muitos anos, tento descobrir o momento em que atinjo o meu limite. Há um breve instante entre o início desse processo e o desenvolvimento do comportamento alterado, durante o qual tenho chance de me afastar de tudo que estou fazendo e repensar meu dia. Se conseguir perceber esse instante — que dura de poucos segundos a um ou dois minutos, dependendo da pressão da situação e do volume das solicitações —, posso salvar o resto do dia. Caso contrário, estou perdido. Vou ficar mal-humorado e ineficiente o tempo todo e funcionar em um nível mais baixo.

Chamo esse primeiro estado, de bom desempenho e humor estável, de "estado-C" (calmo, concentrado, controlado, e outras palavras que começam com *c*). Chamo o outro estado, de fraco desempenho e mau humor, de "estado-F" (frenético, fragmentado, fraco, e outras palavras que começam com *f*). Esses dois estados são separados pelo precioso instante de advertência. Para aprender a identificar o instante quando você entra nele, basta saber que ele existe e depois ouvir o que sua cabeça e seu corpo lhe dizem. Durante o instante, se prestar atenção, se ouvirá dizendo a si próprio: "Você está a ponto de se perder. Não morda a isca. Dê um passo para trás. Faça uma parada." Ouvindo essa voz, você poderá salvar sua carreira, seu casamento ou pelo menos seu dia.

20

Estado-C e estado-F

O estado-C é claro, calmo, controlado, consistente, concentrado, cuidadoso, curioso, criativo, cortês e coordenado. Por outro lado, o estado-F distorce o foco e é frenético, fraco, falho, furioso, fragmentado e febril. Pode também levar a pessoa a xingar. No estado-C, você encontra seu ritmo. No estado-F, perde o ritmo.

É fácil passar do estado-C para o estado-F. Por exemplo:

É meia-noite. Marcos está sozinho no escritório. Precisa terminar uma proposta que pretendia escrever durante o dia, mas teve muitas outras coisas para fazer.

Primeiro, quando entrava no escritório de manhã, seu chefe lhe pediu para participar de uma videoconferência, que durou duas horas. Nenhuma preocupação foi expressa e não se levou em consideração o quanto aquela videoconferência atrapalhou seu dia. Ele simplesmente ficou com mais trabalho para fazer do que o tempo permitia, pelo menos no seu ritmo usual e já acelerado. Então começou a enlouquecer. Passou os olhos nos e-mails como se fosse uma enxada, cortando palavras e frases inteiras, agarrando-as para tirar o essencial antes de passar para o próximo e-mail, respondendo apenas quando absolutamente necessário, marcando uns para serem lidos mais tarde (*quando*?), batendo com força no teclado, mordendo a língua, apertando os lábios, xingando baixinho, ficando enraivecido e oprimido pelas inúmeras solicitações contidas nos e-mails, e no fundo morrendo de raiva do seu chefe por ele o ter arrastado para a videoconferência sem ao menos se preocupar com o resto do seu dia.

Após checar os e-mails — marcando todos aos quais precisaria dar atenção antes de terminar o dia — começou a trabalhar na proposta que teria de entregar no dia seguinte. Depois de dez minutos, um cliente importante telefonou e disse que estava enviando por e-mail um memorando e que precisava de sua opinião imediata, pois o material era urgente. Marcos ficou horrorizado com a lentidão do computador ao baixar os e-mails, a pequena barra azul da tela levava um tempo enorme para ser completada. Como conseguiria ler aquilo e dar uma opinião "imediatamente"?

Marcos apertou os olhos, franziu a testa e pediu à sua assistente para lhe trazer um café expresso com leite. Conhecendo bem o humor do chefe, ela tentou dizer umas palavras para acalmá-lo quando lhe trouxe o café, que estava horrível. A previsão era de um dia ruim.

O memorando era complicado. Ainda assim ele achou que conseguiria encontrar uma forma de enviar uma resposta razoável. Mas seria uma resposta no valor de seiscentos dólares por hora, uma resposta que ele teria coragem de enviar por escrito, com assinatura e carregando o nome da empresa? A parte anterior do seu cérebro entrou em tensão, ele coçou a nuca, deu um gole no café e ficou batendo com a ponta do lápis na mesa. Finalmente, mordendo os lábios, enfrentou o desafio e pôs os dedos no teclado para enviar a resposta. Depois de um parágrafo ele parou sem perceber, viu uma folha de papel em branco no lado esquerdo do teclado e rabiscou nela com o lápis. Quando voltou a si, baixou os olhos e percebeu que tinha escrito em letra floreada a palavra RUÍNA.

Confuso e incapaz de clarear as idéias, voltou a checar os e-mails. Pretendia levar só uns minutos para tomar fôlego, mas levou uma hora. A secretária o interrompeu para informar que uma cliente tinha chegado. Xingando o teclado, Marcos se levantou e saiu para falar com a cliente.

A conversa durou duas horas. A cliente gostava de conversar e ele não conseguiu interrompê-la. Naquele momento, era muito importante manter os clientes satisfeitos, especialmente uma cliente rica como ela. Pelo menos as duas horas poderiam ser cobradas.

Depois de se despedir, dando um tapinha simpático no ombro da cliente, ele voltou para o memorando, lembrando que a proposta para o dia seguinte esperava silenciosamente. Não havia tempo a perder com detalhes no memorando, então deu seu parecer da melhor forma possível e enviou-o para o cliente com uma nota: "Desculpe ter levado mais tempo que o esperado." O tempo total que gastou foi de quatro horas. E ele ainda se desculpava? É a prática comum na vida moderna. A vida era muito mais fácil quando os pareceres eram enviados por correio ou por mensageiro; pelo menos havia um limite de horário além do qual o mensageiro só apareceria no dia seguinte, o que significava que o parecer podia esperar um pouco.

Quando Marcos começou a cuidar da proposta, um assistente júnior apareceu com uma pergunta complexa que um sócio indicara Marcos — e só Marcos — para responder. É claro que a pergunta tinha de ser respondida imediatamente. Marcos se desculpou e avisou que a resposta teria de esperar até o dia seguinte. Mas, assim que o assistente júnior saiu do escritório, ele se sentiu tão culpado que xingou de novo, chamou o rapaz de volta e examinou a pergunta. O rapaz estava certo, era um assunto complexo, mas duas horas depois Marcos lhe deu a resposta.

Àquela altura o dia estava totalmente perdido. Ele não escrevera nem uma palavra da proposta. A secretária estava se arrumando para ir embora quando Marcos olhou para ela desejoso, não do seu corpo, mas do seu trabalho. Devia ser bom. Por que não? Sem se preocupar com todas as respostas óbvias a essa pergunta (dinheiro, poder, promoção, estímulo intelectual, prestígio, destino, educação, falta de alternativas...), suspirou e voltou a trabalhar.

Ele já estava no estado-F, desconcentrado depois de tudo que acontecera durante o dia, aborrecido porque tinham lhe roubado tanto tempo, irritado consigo mesmo por se deixar manipular tão facilmente, mesmo sabendo que tinha de ser flexível para trabalhar. Sua cabeça passou da proposta para essas outras preocupações e *quicou* de volta como uma bolinha de borracha. Achando que não conseguiria terminar a proposta a tempo, e com medo do que poderia acontecer, voltou ao trabalho, com raiva da situação e apenas um quarto do seu rendimento normal.

Seu foco se estendia como uma rachadura em uma camada fina de gelo, e era cada vez mais difícil para ele manter a cabeça na proposta durante muito tempo. A toda hora voltava a atenção para a tela do computador, como se estivesse levando um sonâmbulo de volta para a cama. Sonambulando pela proposta de forma ineficiente, forçou seus últimos poucos neurônios de capacidade mental útil para continuar. Estava no piloto automático, sendo levado por antigos instintos de sobrevivência. Ao amanhecer, como que por milagre, a proposta foi terminada.

Bem-vindo ao nosso mundo sobrecarregado, onde o tempo e a atenção podem se esgotar antes que o trabalho do dia tenha começado. Bem-vindo ao estado-F.

Conforme disse antes, o estado-F é semelhante ao distúrbio de déficit de atenção. No DDA, o cérebro corre e não pode parar devido ao seu sistema elétrico genético. O principal problema desse cérebro semelhante a um carro de corrida é que os freios não funcionam bem. O motor é da Ferrari, mas os freios são Chevrolet. Pode ganhar corridas se tiver freios adequados, mas gera um acidente se os freios não funcionarem.

O desafio da vida moderna, mesmo para quem não sofre de DDA, é aprender a usar o freio. Para atender às várias solicitações da vida diária e à sobrecarga de informações durante o dia, é preciso parar e pensar, fazer uma pausa a certa altura, longa o suficiente para avaliar o que lhe interessa antes de continuar. Caso contrário, o dia se torna enevoado e nenhum trabalho significativo é realizado. Muita energia é gasta, mas sem grande proveito. Para que a energia entre em foco, é preciso usar os freios nos estímulos internos e nos impulsos externos durante algum tempo, a fim de levar adiante um pensamento complexo. A vida é um acelerador poderoso nos dias de hoje, e o que separa os bem-sucedidos dos frustrados é a qualidade de seus freios e sua capacidade de usá-los. Como disse anteriormente, os sintomas do verdadeiro DDA parecem uma descrição do que milhões de seres humanos apresentam hoje, mesmo não sendo verdadeiros portadores do DDA.

As semelhanças entre o estado-F, tão comum na vida moderna, e o verdadeiro DDA são óbvias se você ler esse resumo dos sintomas do verdadeiro DDA:

- Dificuldade de focar a atenção por mais de poucos segundos, tendência a se desligar no meio de uma conversa, reunião ou leitura, combinada a uma capacidade de superfocar a atenção durante uma crise ou quando envolvido imaginariamente em um projeto, assunto ou conversa. O problema do foco inconsistente piora se o indivíduo não dorme o suficiente, toma apenas café e come um pedaço de pão no café da manhã (ou nada), não faz qualquer exercício há 48 horas e fica preso no trânsito no caminho para o trabalho.

- Propensão a ficar irrequieto, a se movimentar constantemente, em termos físicos, mentais ou ambos.
- Tendência a fazer muitos projetos ao mesmo tempo, dificuldade de acompanhá-los e até mesmo de se manter interessado neles.
- Aumento de irritabilidade ao longo do dia, aumento de intolerância à frustração.
- Humores instáveis. Em química, a substância instável pode mudar rapidamente de um estado a outro, como de sólido para líquido ou de líquido para gasoso. Os humores instáveis são humores que mudam rapidamente, de agradável a zangado ou de confiante a ansioso.
- Tendência a se sentir com pressa, impaciente.
- Propensão a focar só o que interessa ou passar para um assunto principal imediatamente, mesmo que signifique a conclusão prematura de uma discussão ou explicação.
- Sensação de ser engolido pela vida diária, mesmo quando não há muita coisa para fazer. Por vezes, sensação de ser derrotado mesmo antes de começar.
- Dificuldade de se conhecer, o que leva a uma incapacidade de avaliar com exatidão como os outros o percebem.
- Dificuldade de organização. Tendência a se organizar empilhando coisas. Organizar-se significa ajeitar as pilhas. As pilhas aumentam, invadindo todos os cantos dos escritórios e das casas, ocupando o jardim e a rua.
- Dificuldade de administrar o tempo. Tendência a deixar para depois, adiar tudo. Quanto mais ocupado fica, menor seu senso de tempo, e em breve tem apenas dois

tempos na cabeça: *agora* e *não agora*. Tenta desesperadamente colocar o máximo possível na "pilha" do *não agora*.

- Tendência a se preocupar facilmente, mesmo quando não há nenhum risco aparente, combinada à tendência de não se preocupar quando existe algum perigo próximo. Daí a tendência paradoxal a viver em um mundo de perigo exagerado e em um mundo de negação ou minimização.
- Desejo crônico de alterar seu estado mental, seja em fugas através de fantasias, uso de álcool ou drogas, ou compulsão de jogar, fazer sexo, comer, gastar, ou outros meios de desejar o que parece ser impossível.
- Sensação crônica de falta de realização, de não atingir suas metas, mesmo tendo um alto nível de conquistas. Isso porque sabe que, se pudesse encontrar a chave, poderia fazer muito mais e ser muito mais feliz. (A chave ilusória é aprender a administrar seu mundo e seu cérebro em vez de deixar que eles o administrem.)
- Inclinação a se entediar facilmente, combinada a uma intolerância absoluta, quase orgânica, ao tédio. A não ser que pequenos estímulos atinjam seu cérebro a cada instante, ele é capaz de se entediar e sair do ar.
- Busca constante de alta estimulação: ação, barulho, velocidade, pressa e enxurrada de informações, conflito, estímulo sexual, multiação, cores fortes, manchetes, fama, riqueza, poder, o bizarro, o estranho, o proibido. Essa necessidade urgente de estimulação é comum à cabeça moderna, mas quem sofre de DDA nasce com ela. De todo modo, a busca por alta estimulação é constante. Harmonia ou satisfação são qualidades muito leves. Não

se diz que alguém foi consumido por estar contente. Mas se diz que foi consumido por estar satisfeito. Para a cabeça moderna, tudo precisa consumir.

- Tendência a lidar com a dificuldade trabalhando mais duro, não de forma mais inteligente.
- Devido à desorganização, frustração e sensação de sobrecarga, a pessoa tende a desperdiçar sua criatividade, energia e talento, se afundando cada vez mais em obrigações não cumpridas, projetos não terminados e pilhas de livros ou artigos não lidos.

Seja DDA, estado-F, traço de déficit da atenção ou apenas vida moderna, essa forma de existir no mundo se tornou comum. A meta deveria ser tornar tudo isso uma vantagem. Eu uso o mesmo padrão para administrar o estado-F que uso para meus pacientes que sofrem de DDA: faça com que as coisas trabalhem para você, não contra você.

Digo aos meus pacientes portadores de DDA que essa síndrome é um presente, mas um presente difícil de desembrulhar. Diria o mesmo sobre a vida moderna. É um presente extraordinário, nunca visto por nenhuma geração até hoje. Mas esse presente extraordinário pode ser *impossível* de desembrulhar. Aprender a preservar o estado-C e, se perdê-lo, passar do estado-F para o estado-C pode ajudar. (Veja a segunda parte deste livro para mais dicas sobre como desembrulhar o presente.)

21

Malabarismo

O cérebro sobrecarregado e a vida sobrecarregada se tornaram regra. É preciso ser uma pessoa muito decidida para evitar a sobrecarga.

Como acontecia comigo anos atrás, a chapa moderna pode ficar quente demais.

Você está esgotado demais para se concentrar no seu trabalho?

Sim, estou esgotado	62,8%
Só às vezes	23,0%
Não, eu me concentro bem	14,2%

(Pesquisa do *Boston.com*; primavera de 2005)

Nova York, NY — 15 de março de 2005 — Um novo estudo publicado hoje pelo Instituto Família e Trabalho, Excesso de trabalho na América: Quando a forma como trabalhamos se torna excessiva, *relata que um entre cada três empregados americanos tem esgotamento crônico, enquanto 54% sentiram-se sobrecarregados em algum momento no mês anterior porque tinham trabalho demais para terminar suas tarefas. O estudo de mais de mil empregados assalariados identifica pela primeira vez por que a sensação de esgotamento e sobrecarga é tão comum entre os trabalhadores americanos. "Ironicamente, as mesmas aptidões essenciais à sobrevivência e ao sucesso nessa economia global acelerada, como as multitarefas, tornaram-se também o estopim para a sensação de esgotamento", declara a presidente do Instituto Família e Trabalho, principal autora do estudo. "Ser interrompido com freqüência durante o trabalho e trabalhar em horas de descanso, como durante as férias, são fatores que também contribuem para a sensação de esgotamento."*

E no *Evening Standard* de Londres, de 6 de janeiro de 2005:

Pesquisa revela que, hoje, para a maioria das mulheres britânicas que trabalham, a "sobrecarga de informação" é a principal causa de estresse. Mais da metade — 59% — diz que a invasão de informações desnecessárias, inclusive mensagens de texto, correio de voz e e-mails, interfere na sua capacidade de administrar a vida como deseja. Mais de mil mulheres acima de 18 anos foram questionadas sobre seu trabalho e hábitos de lazer. Dois terços — 67% — disseram que acham difícil "desligar" e relaxar. E 69% delas decidiram corrigir essa situação em 2005 — marcando uma tendência ao que os especialistas chamam de "simplificação de vida". A gerente de planejamento do consumidor declarou: "A simplificação de vida será cada vez mais importante nos anos futuros." As dicas apresentadas para uma vida mais simples incluem desligar o celular em certas horas e dar prioridade aos amigos com planos mais sólidos. As mulheres são aconselhadas a não tentar trabalhar quando estão doentes, ficar em casa e descansar.

As mulheres são aconselhadas a não tentar trabalhar quando estão doentes, ficar em casa e descansar. Imaginem todas as mulheres inglesas com febre, com dor, mentalmente deficientes, se arrastando para o trabalho com medo de perder o emprego ou só porque se sentem obrigadas a ir. E veja o início da frase: "As mulheres são aconselhadas..." Aconselhadas por quem? Talvez nenhuma autoridade queira ligar seu nome a esse conselho subversivo, como se a economia e o futuro da Inglaterra dependessem de uma força de trabalho completa, que hoje deve incluir as doentes, inválidas e talvez até mesmo dementes. Como nos mostra o título de um livro recente, há hoje "Três bilhões de novos capitalistas". Bem-vinda Índia, bem-vinda China.

Quando as demandas aumentam, perde-se a capacidade de parar e pensar, priorizar e dizer não. Quando esse medo é combinado com o acúmulo diário de informações e obrigações, a cabeça esquenta. Esquentando demais derrete, e quando derrete entra no estado-F.

Certa vez entrevistei um malabarista profissional, que me disse que seis era o maior número de bolas que conseguia jogar ao mesmo tempo. O máximo que alguém já conseguiu, ao que ele saiba, foi 11. E o maior número de objetos de todo tipo — como anéis, porque ocupam menos espaço quando jogados verticalmente no ar — foi 13. Perguntei se estava treinando para chegar a sete bolas e ele disse que não, porque para jogar sete bolas teria de treinar várias horas ao dia por pelo menos seis meses, e não tinha tempo para isso. "Eu sou muito bom", disse ele. "Meu show é ótimo com seis bolas. Ninguém nunca me disse que queria me ver jogando sete. Posso fazer muitas variações com seis e deixar a platéia de queixo caído. Seis é suficiente. Não preciso mais que isso." Lembrei do limite que aprendi quando trabalhava na chapa dos hambúrgueres.

Quantas bolas você joga ao mesmo tempo? Quantos hambúrgueres pode pôr na chapa? A competição em todos os campos está aumentando à medida que o mundo se torna cada vez menor. As pessoas tentam jogar sete bolas hoje em dia para passar a frente dos outros, mas em geral não precisam fazer isso embora achem que sim. Sentem uma pressão enorme e uma necessidade irresistível para se ocupar mais, e acabam gastando o tempo que usariam para dormir ou descansar praticando seus malabarismos. Com isso, dormem — dormimos — cada vez menos e têm — temos — menos tempo de lazer. Até que ponto poderemos tolerar? Livros como *O paradoxo do progresso: quanto mais a vida fica melhor, pior as pessoas se sentem*, de Gregg Easterbrook, documentam que já estamos menos felizes do que se previa. Não paramos para perguntar por quê, para perceber, como o malabarista percebeu, que seis bolas é o bastante para um bom show.

Manter o maior número possível de bolas no ar sem deixar nenhuma cair é o desafio moderno. Se você estiver fazendo mais malabarismos do que agüenta — quem não está? —, tente ao máximo manter as bolas no ar. Se uma cair, ria, chore, xingue, tome uma pílula, seja o que for, mas não deixe de pegá-la no chão e continuar com o malabarismo. Não reduza o número de bolas. Tire proveito das vantagens da vida ocupada. A vida nunca foi tão boa como é agora.

Porém é difícil ficar pegando bolas e jogando-as de volta no ar. O malabarismo é um trabalho duro. E não vale tanto a pena quanto pensar, sentir ou tomar uma boa ducha.

22

"Ninguém mais tem tempo pra nada"

Eu estava na fila do aeroporto esperando para passar pela segurança quando, sem mais nem menos, um homem furou a fila e mostrou sua passagem aos gritos: "Vou perder meu avião! Vocês têm de me deixar passar." A pasta e o terno que ele vestia não escondiam sua grosseria, empurrando e abrindo caminho a todo custo pela fila. A certa altura, deu um encontrão em um senhor de idade e jogou-o no chão, mas nem notou.

Quando ajudei o senhor a se levantar, ele pôs o braço no meu ombro e disse:

— Obrigado, obrigado.

— O senhor está bem? — perguntei.

— Muito bem, meu amigo, muito bem. Estou sempre contente de estar vivo. Mas aquele homem ali está com problemas. Ninguém mais tem tempo pra nada.

Sorri para meu novo amigo e disse:

— É verdade. — Ele sorriu de volta e passamos o resto do tempo conversando na fila.

Ao escrever este livro, penso muito naquele amigo que nunca mais vi. Como, segundo meu amigo, ninguém mais tem tempo, quem vai ler o que escrevo? Por que escrever se ninguém lê? Mas então penso que talvez as pessoas tenham pelo menos um tempinho para dar uma dentada nele.

Se não tiverem tempo para ler o livro, talvez arranjem tempo para comê-lo. Nós muitas vezes comemos livros hoje em dia, como comemos revistas e jornais e qualquer outro material escrito que tenha mais palavras que um *outdoor*.

Em outras épocas, líamos livros o tempo todo, ou pelo menos de vez em quando. Agora não temos mais tempo para isso. Queremos o resumo, o tema principal, a versão simplificada, os fatos essenciais, a carne, só os fatos, a versão ilustrada dos clássicos. Nas universidades, os alunos são ensinados a resumir artigos, planos de empresa ou outros escritos. Com essa redução, passamos os olhos pelo texto e extraímos mentalmente os 20% que nos darão tudo que realmente precisamos. (Dá para questionar por que os outros 80% foram escritos.) Mas mesmo um trecho resumido assim pode levar muito tempo para ser lido.

Então as pessoas do mundo moderno descobriram uma nova forma de chegar às palavras, um método que chamo de "comer". Comer palavras significa fazer o que for preciso para engolir o essencial de um texto escrito. Você morde esse parágrafo, pula um monte de páginas, come umas duas páginas, mastiga as notas da orelha do livro, consome o sumário, engole mais um ou dois parágrafos se ficou interessado em alguma coisa e fecha o livro, provavelmente para sempre. Você comeu o livro. Depois de abri-lo, forçou a si mesmo a engolir tudo que pôde num tempo reduzido, ansioso por correr por algum outro lugar onde se sentirá ansioso a ir a mais outro. Ler um livro em seqüência, palavra por palavra, página por página, é muito *lento*, muito século XX. Não temos tempo para isso no século XXI. Algum outro lugar sempre nos quer, esperando, balançando o pé, olhando, até chegarmos. Nunca podemos chegar inteiramente em um lugar porque outro nos puxa assim que chegamos ao primeiro. Quem tem tempo para ler palavra por palavra?

Quem sabe dentro de alguns anos as imagens substituam as palavras, o que talvez não seja de todo mau. Em um livro brilhante, *Pensando como Einstein: voltando às nossas raízes visuais com a revolução emergente da visualização da informática*, Thomas West escreve:

> *Toda tecnologia tem seus limites. Em tempos passados, Sócrates fez considerações sobre a nova e questionável tecnologia chamada "livro". Achava que o livro tinha alguns pontos fracos. Podia não adaptar o que estava dizendo, como uma pessoa real faria, ao que seria apropriado para certos ouvintes, tempos ou lugares específicos. Além disso, o livro podia não ser interativo, como uma conversa ou um diálogo entre pessoas. Finalmente, segundo Sócrates, em um livro as palavras escritas "parecem falar como se fossem inteligentes, mas, se você perguntar qualquer coisa sobre o que dizem, para poder aprender, elas falam exatamente a mesma coisa sempre". Depois de mais de dois milênios, parece agora que um novo tipo de tecnologia, com aptidões de multimídia interativa, talvez esteja começando a considerar alguns pontos de Sócrates.*

Os livros são lineares. A vida moderna não. Os livros não têm figuras. O estilo do aprendizado moderno é visual. Os livros contêm seqüências de palavras apresentadas umas após as outras em uma ordem prevista e em uma imagem coerente. Podem ser abertos na página 132, e essa página será sempre igual. A vida moderna muda as páginas todo dia e acrescenta novas ao conjunto. A vida moderna não é linear nem circular. Seus padrões são tão difíceis de entender que um número cada vez maior de pessoas inteligentes recorre a conclusões simplistas e absolutas só para sentir o conforto de estarem certas, mesmo que essa certeza seja uma ilusão.

Isso não é bom nem ruim. Apenas é. Eu nem vaio nem aplaudo, mas me mantenho alerta.

Por exemplo, se você leu este livro até aqui, é uma pessoa rara. É um acontecimento incomum. Você se deixou desacelerar o suficiente para querer mais que uma dentada básica do livro. A dentada básica está no título. Se leu até esta página, está esperando mais e está sacrificando um tempo que poderia usar para fazer outra coisa e tentar conseguir esse mais. Você tolera uma certa complexidade. Já demorou o suficiente para começar a pensar e sentir enquanto lê. As palavras estão desenvolvendo idéias e sentimentos na sua imaginação, você está criando sua própria versão enquanto lê. Está considerando o livro como seu, relacionando-o criativamente com sua vida ou a vida em geral.

Decidiu não comer, mas ler o livro, pelo menos por enquanto. Porém precisa pagar para fazer isso. Pagar com sua atenção, e o custo da atenção nunca foi tão alto. O custo é o que você sacrifica da sua atenção — uma lista estonteante de outras metas prontamente disponíveis —, colocando-a em um livro. É cada vez mais difícil para a maioria de nós focar qualquer meta durante muito tempo, pois nossa atenção coletiva foi treinada para surfar, para disparar assim que chega, como um beija-flor em um bebedouro.

Sempre valiosa, sua atenção se tornou agora um dos bens mais inseguros e uma das posses mais desejadas. Os anunciantes gastam milhões para saber o que capta a atenção, porém muitas vezes nos distraímos sem perceber porque pessoas inteligentes e dispositivos interessantes aprenderam a roubar nossa atenção. Eu adoraria roubar sua atenção para você ler o resto deste livro, mas ao chamar a atenção para sua atenção perdi qualquer chance que tinha. Coloquei você em uma posição de decisão consciente — um momento raro. Na maior parte do tempo, prestamos atenção sem termos consciência disso. Somos seduzidos, forçados, redirecionados de forma subliminar, atraídos sem intenção por algum estímulo alheio a nós, ou concentrados em alguma tarefa porque somos levados a isso.

Mas agora, neste momento, você pode decidir — na verdade, precisa decidir. Eu lhe passei a decisão completamente. Quanto tempo mais vai manter sua atenção aqui? É uma decisão que você toma — intencionalmente ou não, de forma consciente ou inconsciente, querendo ou não — milhares de vezes por dia. É a decisão mais importante que se toma e com muita freqüência, mas que em geral é deixada ao acaso ou na direção em que o vento sopra. É especialmente importante pensar sobre essa decisão nos dias de hoje, pois o roubo de atenção anda à solta. Só decidindo em que vai se empenhar é que você pode se proteger contra o roubo da sua atenção.

É preciso treinar para se manter concentrado em uma tarefa no mundo de hoje, que estimula a largar a tarefa para fazer outras coisas. Atenção é como dinheiro: se não ficamos atentos a como gastamos, desperdiçamos. (Para mais informações sobre treinar sua atenção, veja a segunda parte deste livro.)

Pense um instante em quanta atenção você deu sem querer... ao comercial da televisão ou do rádio enquanto o programa não recomeçava; à "amiga" de quem você realmente não gosta; ao e-mail que não precisa ler; à compra que não precisa fazer; à lembrança de algo ruim que lhe fizeram há anos; à centésima vez que se preocupou com o mesmo problema que está fora do seu controle; às unhas que não consegue parar de roer.

Quanto mais atenção se desperdiça, menos atenção sobra para o que realmente precisa. A atenção não é infinita, nem a energia necessária para focá-la.

Para dar atenção a esta página e a este livro é preciso receber algo de valor em troca — senão é melhor parar de ler. Em troca, ofereço informações, idéias e entretenimento referentes à vida louca que tanta gente vive hoje em dia (inclusive eu). Vale a pena?

Se você está aqui agora, não está em outro lugar, e é isso que torna difícil em qualquer tempo estar aqui agora. A ordem "Fique aqui agora", que parece impossível *não* cumprir, é de fato difícil devido aos vários ímãs que atraem sua atenção para algum outro lugar que não aqui.

Além do mais, não é uma pergunta fácil: onde você está agora. Não coloquei um ponto de interrogação no final da frase porque era uma afirmação, não uma pergunta. Acrescentei esse comentário caso a falta de um ponto de interrogação o distraia, mas também para mostrar que basta um pequeno estímulo para distraí-lo (como a falta de um ponto de interrogação), que basta uma pequena força para tirá-lo daqui, desta página — ou de qualquer outro lugar.

Quer continuar comigo?

Vai querer saber *agora* qual será o valor agregado de ler isto, para usar a linguagem dos economistas. Se eu não o convencer num abrir e fechar de olhos a ficar comigo, você não ficará. Quero que fique porque acho que sei qual é a sua dificuldade na vida diária, quase todos nós temos a mesma dificuldade. Este livro mostra como lidar com isso.

Fala das várias coisas que você tem na cabeça, e como é difícil escapar disso. Assuntos importantes prendem sua atenção e assuntos menos importantes também — talvez você esteja pensando que "num abrir e fechar de olhos" é um clichê. Mas gosto de escrever num estilo informal que permite o uso de clichês. Podia ter dito "rápido como um raio", mas talvez você se distraísse, mesmo que essa discussão provavelmente o esteja deixando impaciente. Você quer que eu me explique, que ponha tudo em pratos limpos.

Hoje em dia temos de ir direto ao assunto e dar uma explicação simples, por mais complexa que seja. O problema é que a vida nunca foi mais complexa do que é agora.

Espero que você ainda esteja aí. Por que me importo com isso? O que quero de você? Essa é outra pergunta que a vida moderna nos faz responder mais depressa que nunca. Como temos muito pouco tempo para dar, e muitas pessoas querem o pouco que temos, perguntamos logo: O que *ele* quer? Estamos tão acostumados com pessoas que vêm com conversas moles previsíveis que nos preparamos para desligar o telefone — ou mudar a rádio, virar a página, virar as costas, fechar o livro — assim que percebemos um assunto que nos desagrada ou que já ouvimos antes.

Agradar hoje é mais complexo que nunca porque a competição é muito inteligente. Além do mais, o que agrada pode ser simplista. Na verdade, a vida é tão complexa que nos cansamos de lutar com ela e buscamos coisas mais simples. Os políticos e altos executivos usam *slogans* simples porque as massas os compreendem e se agrupam à sua volta. E não se iludam: *Todos* nós fazemos parte das massas.

Para prender sua atenção, devo massacrá-lo com balas de festim impressionantes? (Até mesmo o termo "balas de festim" mostra que estamos contra a parede. Alguns dados devem ser como balas para poder penetrar.) Ok. Qual dessas declarações é verdadeira?

- A população mundial triplicará nos próximos três anos.
- O aquecimento global deixará o clima de Boston igual ao clima do Brasil em 2009.
- Em 2010 teremos computadores do tamanho de relógios de pulso, com energia transmitida pela eletricidade da nossa pele, com telas embutidas através de implantes na retina.
- Em 2011 não precisaremos ler para aprender, as informações serão implantadas diretamente no cérebro com o desenvolvimento da nanotecnologia.

Ao que eu saiba, apenas o terceiro item não é muito exagerado. Os outros podem muito bem acontecer, a não ser que as coisas mudem. Talvez as datas estejam erradas. Mas não é isso que conta. O que importa é que mesmo fatos impressionantes podem não nos impressionar porque nos acostumamos a ler sobre eles, ou pelo menos ouvimos falar. Tudo se tornou uma banalidade, nada mais nos impressiona muito.

Todo mundo que navega na internet descobre mais fatos impressionantes que nas revistas de curiosidades. Como ninguém tem tempo para checar esses fatos, assimila tudo com uma sensação de choque obscurecida por falta de crença e deixa que os fatos vaguem pelo arquivo repleto do cérebro chamado "Informações fantásticas que logo esquecerei".

Qual é a dentada básica deste livro? Se eu tivesse explicado no título ou deixado claro nas primeiras páginas, teria perdido você há muito tempo.

Esse é o caso. Em vez de se viver com profundidade para poder saborear, arrisca-se a viver superficialmente, com dentadas básicas que mal se notam e muito menos se saboreiam.

Vou explicar de outra forma. Algo alarmante discutido neste livro está ocorrendo no mundo. Se lembrarmos que os gênios de antigamente achavam que a terra era plana, e que não tinham idéia de que nosso planeta girava pouco mais que meio quilômetro por minuto no seu eixo, em volta do Sol e com movimento para a frente e para trás, não é difícil imaginar que há muitas idéias fundamentais erradas hoje. Talvez estejamos indo rápido demais para operar através de métodos antigos. Mas que métodos antigos iremos descartar e onde estão os novos para substituí-los? Se não formos com calma, descartaremos o que mais precisamos. Fazendo o que imaginamos que as pessoas mais inteligentes fazem, talvez estejamos errando.

Podemos imaginar que as pessoas inteligentes sejam *rápidas*. Rápido é bom, lento é chato, ou é isso que imaginamos. E começamos a nos livrar do que é mais importante.

Por exemplo, podemos nos livrar do amor e do pensamento. Se não formos com calma, a atividade de sentir e pensar com profundidade passará a ser cada vez mais uma atividade de poucos. Ser estimulado ou gerar estímulo se tornará a atividade de muitos. O conteúdo não importará desde que seja atraente — isto é, estimulante.

Gradualmente, e sem percebermos (se não formos cautelosos), nos sentiremos mais próximos das pessoas que vemos sempre na tevê que dos nossos amigos e vizinhos — e decerto veremos os primeiros com mais freqüência. Seremos estimulados eletronicamente durante várias horas por dia, assimilando milhões de coisas que esqueceremos logo, coisas idiotas que prenderam nossa preciosa e insubstituível atenção por uns instantes na televisão, celulares, e-mails, video games, telas de computador, internet, e assim por diante. Essa explosão brilhante de estímulo inútil passa por nosso consciente tão depressa que não tem tempo de se transformar num pensamento ou idéia. Simplesmente apresenta uma série de acontecimentos irrelevantes que não duram nada.

Optamos por isso porque pensar e sentir com profundidade requer muito tempo e esforço. É muito mais conveniente ter pensamentos e sentimentos enlatados e transmitidos por comentaristas. A vida se torna cada vez mais um *replay* instantâneo: reflexivamente não sabemos o que pensar sobre o que vimos até alguém desacelerar a máquina, dar um *replay*, e nos dizer do que realmente se trata. Dizer em que investir, em quem votar, o que comer, a que assistir, como viver, e em último caso o que sentir e pensar. Cada vez mais queremos que nossos pensamentos sejam enlatados e transmitidos por alguém — O aborto é um crime! O aborto é um direito da mulher! — para podermos usá-los como meras fontes de estímulo quando se confundem na nossa cabeça.

Você não acha que pode escrever um livro de direita ou um livro de esquerda? As pessoas lêem (já li alguns) não para aprender uma coisa nova, mas para solidificar os pensamentos que já lhes foram transmitidos anteriormente.

Não agem assim por falta de inteligência, mas porque vivem com tanta pressa e recebem tantas informações que não têm tempo para fazer o que há de mais gratificante e útil, ou seja: pensar e sentir por conta própria. Revertem para aquilo que estão sendo treinadas: estímulo rápido.

As idéias deviam ser oferecidas junto com os frangos assados que compramos na padaria quando voltamos do trabalho — onde fomos comandados a pensar o mínimo possível e a "produzir" o máximo possível.

O trabalhador eficiente, como os pais eficientes, a dona-de-casa eficiente, ou até mesmo o namorado eficiente, se dão muito melhor se não pensarem ou sentirem com profundidade. Isso simplesmente empobrece as coisas. Embora os pensamentos e emoções próprias venham depressa, reuni-los toma tempo. Pode fazer com que você sofra e lhe dar dor de cabeça. É muito mais fácil que alguém — alguém mais inteligente, mais experiente — faça isso por você. Nem mesmo os jogadores de futebol organizam mais seus próprios jogos. Como nos atrevemos a organizar os nossos?

Mas é claro que queremos organizar nossos jogos. E é claro que devemos. Para tanto, temos de proteger nossa atenção e nosso tempo. Quem fizer malabarismo demais vai comer os livros.

23

A atração pela velocidade

Tudo bem. Agora vamos ao próximo ponto.

Você não *detesta* esperar?

Hoje em dia, as pessoas entendem tudo depressa — ou pensam que entendem. Como diz o livro *Blink: a decisão num piscar de olhos,* podemos reconhecer padrões antes de analisá-los conscientemente. Os "morosos" podem ser definidos como os que costumam insistir em analisar os padrões depois de serem reconhecidos. Mas os "impulsivos" podem ser definidos como os que costumam não examinar as primeiras impressões.

Quanto tempo você leva para definir seus sentimentos por alguém? Para quem ou para que você dá uma segunda olhada? Nesse mundo tão veloz, uma nova pessoa ou idéia tem sorte quando é olhada pelo menos uma vez.

Nós fazemos tudo depressa, não porque estamos ocupados, mas porque a velocidade é divertida. A velocidade prende a atenção. A velocidade excita. A velocidade nos tira da monotonia. *Nada* é monótono se for feito bem rápido.

A lentidão é monótona. A lentidão é uma perda de tempo. A lentidão é sinônimo de burrice. A lentidão rouba sua atenção.

A velocidade é a bênção (e a maldição) da era moderna. Foi o vício que escolhemos, enquanto a lentidão se tornou um veneno.

Frases curtas prendem mais a atenção que as longas. As frases longas, de mais de dez palavras e muitos sujeitos e predicados e verbos, exigem concentração e memória do início até o fim, sem que se possa perder uma palavra nem se confundir com o sentido do que é dito. Portanto, muitas vezes o leitor desiste de ler, pois foi treinado pela tecnologia eletrônica de comunicação a usar mais figuras que palavras, e, quando há palavras, as frases devem ser curtas ou, melhor ainda, pequenas legendas ou rótulos. Você ainda está me acompanhando?

Vou tentar terminar este capítulo depressa. Você permanecerá atento se eu fizer isso?

No seu livro *Mais rápido: a aceleração de quase tudo*, James Gleick mostra como nos tornamos acelerados. Segundo ele, fazemos quase tudo mais depressa do que costumávamos fazer.

Por quê? Por que tanta pressa? Por que a velocidade nos dá tanto prazer? Na verdade, essas palavras em inglês (*speed* e *ecstasy*) se consagraram como nomes de drogas. Mas, mesmo sem consumir droga, a cultura moderna associa viver mais depressa com felicidade e inteligência.

Nada disso faz sentido. Não há relação direta entre vida apressada e vida feliz. Aliás, a relação que pode haver é negativa, pois a vida apressada tende a ser estressante.

A associação comum de rápido com inteligente (e lento com burro) é enganosa. Alguns cérebros processam informações rapidamente, outros processam lentamente. Isso pode ser medido através de testes que dividem as pessoas em dois grupos: processadores rápidos e processadores lentos. Os processadores rápidos, como Robin Williams, em geral nos fascinam com sua articulação, nos levando a crer que são brilhantes. Os processadores lentos como o burro da turma do Ursinho Pooh, nos deixam batucando com os dedos, esperando que cheguem logo ao ponto, nos levando a acreditar que são burros.

Nada pode ser menos verdadeiro. Embora o processador rápido seja desembaraçado e divertido — como um comediante contando piadas rapidamente, em seqüência — não é necessariamente profundo ou original. O processador lento, que olha tudo sob vários ângulos, considera cada detalhe e percebe partes de problemas não notados antes, é em geral um pensador mais profundo e mais original. Por exemplo, sabe quem disse as palavras seguintes: "Por favor, explique o problema devagar porque não entendo as coisas depressa"? Foi Albert Einstein.

Nesse mundo rápido, os processadores lentos podem facilmente ser rejeitados, ignorados ou desvalorizados. Muitos são inteligentes e talentosos, e faríamos bem em esperar enquanto pensam e parar para ouvir o que têm a dizer, mesmo que seja devagar.

Gostamos da velocidade não por ela ser profunda, original, valiosa ou importante. Gostamos basicamente por ser excitante. Andar em alta velocidade a ponto de dar medo produz uma descarga de adrenalina. É a excitação da adrenalina. Quem acelera o carro logo que vê o sinal verde não sente o prazer da adrenalina, mas obedece a um comando muito comum: ser o primeiro. Nunca esperar. É uma das regras da estrada que quase ninguém esquece. Não é raro encontrar carros em auto-estradas em velocidades superiores a 160 quilômetros por hora. Mas um carro a uma velocidade menor que a permitida é raro.

Quando vou para o escritório de manhã, tenho de pegar uma via expressa movimentada. Quando chego próximo dela, olho pelo espelho retrovisor para ter certeza de que dá para entrar na estrada. Invariavelmente, obedecendo à lei da natureza, se um carro vem se aproximando do meu, ele não baixa a velocidade para me deixar entrar; ao contrário, *acelera*, intencionalmente ou não, para não me deixar passar. Não há razão alguma para o motorista fazer isso a não ser a valorização do seu ego, por ficar na minha frente e não atrás.

Indo mais rápido ele se considera melhor, e acredita tanto nisso que está disposto a arriscar sua vida — e também a minha e a vida daqueles que estão nos carros em volta — forçando a entrada na minha frente. Nesse confronto, que ocorre nas ruas e estradas dezenas de milhões de vezes ao dia, se eu não for mais devagar, acabo batendo. Nosso amor pela velocidade — e por sermos os primeiros — se torna uma questão de vida ou morte.

Por outro lado, detestamos tanto esperar que arriscamos a vida para evitar isso. Esperar é ruim. A lentidão machuca. Quanto mais depressa sairmos da rua, da via expressa, mais depressa chegamos no próximo sinal e mais depressa chegamos ao nosso destino. Mas não raciocinamos quando o sinal abre: simplesmente pisamos no acelerador e deixamos o passado para trás. A rapidez é um reflexo. O botão de FECHAR PORTA nos elevadores é pressionado o tempo todo, mesmo quando o passageiro não está com pressa. Ele detesta esperar. Mesmo que não vá a lugar algum. Esperar é ruim para a alma.

É claro que algumas vezes a velocidade salva vidas, como em uma ambulância. A velocidade em que podemos transmitir informações mudou o mundo e é responsável por grande parte do nosso progresso recente, se partirmos do princípio de que essas mudanças se traduzem em progresso.

Fazer um trabalho depressa é às vezes essencial, como um parto ou uma respiração boca-a-boca. Mas, na maioria das vezes, a tartaruga vence a lebre. Devagar, mas seguro é desvalorizado atualmente. Depressa é hipervalorizado. Os noticiários competem uns com os outros para dar a notícia em primeiro lugar. Mas qual é a diferença? É uma pergunta que raramente nos fazemos.

Os limites de tempo para a resolução de testes e provas forçam os alunos a responder mais rápido do que podem. Aqueles que não funcionam bem quando pressionados pelo tempo são prejudicados injustamente. Que diferença faz a velocidade com que você responde a uma pergunta, desde que a resposta esteja certa? A não ser que esteja se preparando para uma profissão como salva-vidas, a velocidade é importante? Testes com tempo marcado são outro exemplo da tendência do nosso mundo a favorecer a velocidade.

Quando o grande psicólogo Jean Piaget viajou pelos Estados Unidos, fazendo palestras sobre os estágios de desenvolvimento do conhecimento que descobrira na crianças, faziam-lhe uma pergunta com tanta freqüência que ele batizou-a de "Pergunta americana". "Dr. Piaget, estamos impressionados com sua explicação sobre esses estágios. Mas o senhor poderia nos dizer, por favor, como podemos fazer nossas crianças passarem por eles mais depressa?"

Às vezes, forçar a aceleração de um processo causa problemas. Forçar uma criança a crescer rápido demais é um exemplo comum. Outros exemplos: forçar o vinho a envelhecer depressa, forçar as árvores a crescer depressa, apressar um chute na bola, forçar o amor a vir mais cedo, forçar o amanhã a chegar hoje.

Nós gostamos de andar rápido e vencer a corrida. O problema é que perdemos a grande vitória da desaceleração a ser conquistada.

24

De onde vêm as novas idéias?

Antes de seguir adiante com a leitura, por favor pare e responda à seguinte pergunta: em que lugar você pensa melhor?

Tente perguntar a dez pessoas conhecidas onde elas pensam melhor. Ficará surpreso ao ouvi-las dizer, "No chuveiro" ou "No meu carro". Poucas, e talvez nenhuma, dirão que pensam melhor no trabalho, onde muita gente acredita que o pensamento é a ordem do dia.

Falemos sobre isso de forma inversa: o que se faz no trabalho é tão dirigido para uma meta e contaminado por "gemmelsmerch" que não permite a livre associação de idéias que um grande pensamento exige. O trabalho se dedica (em geral) à pressa e à enxurrada de informações, com muita preocupação, falatório e tumulto.

O pensamento, embora às vezes valorizado demais, é especial por muitas razões, entre elas as seguintes: só pensando bem poderemos nos salvar da destruição; só pensando bem descobriremos e aprenderemos a usar as novas idéias que fazem a civilização avançar; e só pensando bem saberemos qual a melhor maneira para irmos de um lugar ao outro.

Embora nosso cérebro esteja sempre em atividade, mesmo quando dormimos, pensar não é um ato automático nem constante. Um instante de pensamento, assim como a atenção, varia em intensidade e duração. Na verdade, os dois andam juntos. O pensamento, que pode ser definido como atenção concentrada somada à captura e manipulação ativa dos objetos em foco, varia de qualidade — de imitativo e previsível a original, de fraco a forte, de inibido a audacioso. O desafio que sempre enfrentamos é como aprimorar sua qualidade. Hoje, devido aos obstáculos ao pensamento, esse desafio é fantástico. Uma das melhores formas de aprimorar a qualidade, intensidade e duração do pensamento é usar os princípios apresentados neste capítulo.

Finalmente, no chuveiro temos bons pensamentos porque somos levados a um estado de conforto, calma e relaxamento. Os cinco sentidos são estimulados: a sensação da água na pele e a sensação do vapor; o barulho do chuveiro; o cheiro dos sabonetes, xampus e o que mais houver por perto; o gosto da água; e a visão das partes do corpo enquanto nos lavamos, e também do boxe ou da banheira onde estamos. Isso desmente a idéia de que fazemos nosso melhor trabalho mental em uma área livre de muito estímulo sensorial, como um quarto calmo e pouco iluminado ou uma biblioteca. Além do chuveiro, muita gente diz que pensa melhor quando está dirigindo, que é também um ponto de estímulo de vários sentidos.

Os chuveiros e o carro têm mais uma vantagem: quando estamos dentro deles, a cabeça se sente livre para ir aonde quiser. Ninguém nos diz o que fazer, em que trabalhar ou em que pensar, e assim temos acesso ao que nossa cabeça andou pensando sem que soubéssemos. O que a cabeça pensa sem sabermos é a origem de nossas melhores idéias. O inconsciente é uma grande fonte de novidades.

Ele gera a escrita de um romance, o projeto de um prédio, a criação de uma campanha publicitária, a estratégia de um jogo de futebol ou qualquer esforço criativo. Quando finalmente o produto está pronto para ganhar o mundo, a idéia original é tão pequena quanto o óvulo humano para um bebê recém-nascido. Foi incorporada, dividida e, basicamente, desenvolvida.

O processo de encontrar idéias e desenvolvê-las, mesmo sendo difícil e frustrante, mesmo sendo raramente completado, mesmo sendo desgastante e deprimente, ainda é a atividade mais avançada da mente humana. É também algo que a mente humana pode fazer e as máquinas não podem, pelo menos até agora.

Talvez o maior estrago causado pelo estado-F seja o bloqueio desse processo, como se os tubos da mente fossem obstruídos. Se estivermos muito ocupados, muito distraídos e muito sobrecarregados de informações e solicitações, a atenção não consegue fertilizar o ovo quando uma nova idéia toma forma.

No estado-F — mesmo no chuveiro ou por trás de um volante — só conseguimos pensar em cumprir prazos, retornar telefonemas, colher informações ou chegar rapidamente ao nosso destino. Não sobra tempo para a atenção. Como acontece sempre que as emoções tóxicas transbordam, a atenção perde a flexibilidade necessária a um pensamento de alta qualidade. Segue-se um pensamento rígido, em preto-e-branco, de baixa qualidade.

A pior conseqüência da sobrecarga não é nossa incapacidade de atingir metas, mas nossa incapacidade de pensar bem e gerar idéias melhores. Como já se disse, o problema não é mirar alto demais e não acertar, e sim mirar baixo demais e acertar. No estado-F não fazemos o que não esperávamos fazer. Não notamos o que não estávamos procurando; não vemos o que não estava lá antes; não vemos o que estava lá o tempo todo mas não tinha sido notado; não vemos o que poderia estar lá se o criássemos.

Vou dar um exemplo de pensamento de alta qualidade vindo da cabeça de um mestre em novas idéias, a criança. Nesse caso, meu próprio filho, mas poderia ser qualquer criança — as crianças criam mais idéias novas que qualquer outra pessoa.

Quando meu filho tinha oito anos, fizemos uma viagem pro sul, e no caminho paramos em um hotel na estrada. Chegamos lá por volta da meia-noite e ficamos todos em um só quarto, quatro nas duas camas bem largas e o quinto em um colchonete. Trocamos de roupa rapidamente, largamos tudo no chão e fomos logo dormir.

Na manhã seguinte, senti alguém sacudindo meu ombro. Ainda meio sonolento, abri os olhos e vi que era meu filho que me sacudia daquele jeito.

— Papai, estou acordado — disse ele.

— Estou vendo, filho — disse eu, olhando para os números vermelhos do relógio digital ao lado da cama.

— Posso ligar a televisão? — perguntou ele.

— Não. São seis horas da manhã. Queremos dormir. Por que não vai dormir também? — Virei para o lado, puxei as cobertas até o queixo e dormi imediatamente.

Pouco depois senti alguém sacudindo meu ombro de novo. Levantei os olhos e vi novamente meu filho. Olhei para o relógio, eram sete e meia.

— Tudo bem — disse, esfregando os olhos. — Acho que está na hora de seguirmos viagem.

— Papai — disse ele —, olha o que eu fiz.

O que ele teria feito? Meu filho apontou para o meio do quarto, mas a princípio eu não vi nada. Quando olhei mais de perto, vi uma espécie de cordão esticado da janela até a maçaneta da porta.

— O que é isso?

— Um varal de roupa — declarou ele com orgulho. Olhando para o cordão, vi que era mesmo um varal feito das roupas que tínhamos largado no chão. Ele amarrou umas às outras e criou um varal.

— Muito interessante. — Ele olhou para mim com um sorriso de orgulho ao notar que eu gostara do que fez, e lembrou que precisávamos desamarrar as roupas antes que sua mãe e sua irmã quisessem se vestir.

O que ocorreu na cabeça de meu filho entre seis e sete e meia da manhã naquele quarto é a força que leva a civilização a avançar. A força que está no centro do que chamamos de criatividade. Imagine um homem das cavernas se sentindo entediado, como meu filho se sentiu, rabiscando e rolando pedras pelo chão, até ter a idéia de fazer uma roda. É claro que a invenção de meu filho não mudou a civilização, mas seu processo mental foi o mesmo que o do homem das cavernas.

Meu filho reorganizou os elementos de sua experiência com uma nova forma. Isso é criatividade. Onde foi buscar a idéia de pegar as roupas e amarrar umas às outras para formar um varal? Pensou antes nas palavras *roupas* e *varal* e depois fez uma imitação disso? Ou pegou uma roupa, depois outra, e sem pensar amarrou uma à outra? Começou com a idéia de arrumar o quarto e passou para a idéia de criar um varal?

Perguntei a Jack:

— De onde você tirou a idéia de um varal?

Sua resposta foi a resposta sincera que quase todos dão quando alguém quer saber de onde vêm suas idéias novas.

— Não sei.

Eu insisti, mas ele continuou a dizer que não sabia.

A idéia saiu do inconsciente. Meu filho estava relaxado, prestou atenção à idéia e transformou-a em uma coisa nova.

Se estivesse em estado-F — em que raramente está —, não teria dado atenção à idéia. É claro que isso não teria importância. O varal não foi uma idéia importante para o mundo.

Mas o mundo precisa promover e proteger as condições que o ajudaram a ter a idéia. Se estivermos muito ocupados, muito sobrecarregados, muito direcionados para uma meta e preocupados com informações, não notaremos as novas idéias que despertam em nossa consciência, e elas desaparecerão.

Propor uma boa idéia exige tempo, não só para parar e pensar, mas também para trabalhar essa idéia, como meu filho fez com as roupas do chão. Se ficarmos procurando mais informação — mais roupas —, nunca transformaremos o que fazemos em uma coisa importante. Se nos sentirmos muito pressionados a chegar a um resultado específico, a atingir uma meta específica, nunca atingiremos uma meta na qual nunca pensamos. Nunca seremos uma surpresa para nós mesmos nem para o mundo.

Por exemplo, o DNA da impressão digital, que revolucionou a ciência jurídica, foi descoberto por acaso. Alec Jeffreys, professor de genética de uma universidade inglesa, estava trabalhando em um projeto não relacionado com genética numa manhã de segunda-feira quando, "às 9h45" — ele lembra do momento preciso —, viu num mapa genético um detalhe que não esperava ver nem pensava em descobrir. "De repente pude ver o potencial da identificação individual", disse Jeffreys. "Foi uma questão de segundos. Às dez horas estávamos andando freneticamente pelo laboratório imaginando todo tipo de aplicações possíveis."

Ele não sonhava em descobrir nada disso, mas sua mente estava pronta para ver. Da mesma forma, em 1928, quando Alexander Fleming voltou de umas férias de duas semanas e viu que uma experiência que deixara no laboratório estava infestada de estafilococos, com exceção de um pequeno ponto, não ignorou esse pequeno ponto, como outra pessoa teria feito. Não estava esperando ver o que viu, mas, como relatou mais tarde, "A oportunidade favorece a mente preparada". Sua mente estava preparada não só pelos anos de estudo acadêmico, mas também pelas condições em que se encontrava naquele dia de setembro de 1928. Não estava tão apressado para voltar ao trabalho nem distraído com as lembranças das férias a ponto de ignorar o inesperado.

Ele ficou pensando e brincando com o que viu o tempo suficiente para chegar a uma idéia importante. Na verdade, John Tyndall tinha descoberto as propriedades da *Penicillium notatum* em 1875, mais de cinqüenta anos antes, mas não fez grande coisa com essa descoberta. Mas Fleming fez. Depois da penicilina salvar milhões de vidas e Fleming se tornar um dos homens mais homenageados do mundo, declarou com modéstia: "Meu único mérito foi não deixar passar o que observei e estudar o assunto como bacteriologista."

Não vamos usar as informações que temos para descobrir o DNA da impressão digital, a penicilina ou qualquer outra coisa nova e importante se não notarmos o valor daquilo que temos em mãos ou se reclamarmos constantemente que precisamos ter mais. Jean Piaget baseou seus trabalhos originais e pioneiros de psicologia do aprendizado nos seus três filhos. Hoje, suas observações seriam motivo de piada em qualquer revista acadêmica que as recebesse. "Infelizmente, não há informações suficientes para publicação", diriam. Mas essas próprias informações mudaram a psicologia para sempre.

O mundo de hoje nos fornece informações demais e pouco pensamento. Estamos sempre apressados para chegar a vários destinos com poucos desvios. Vivemos em excesso de estado-F e pouco estado-C.

Um antigo marinheiro se viu rodeado de água salgada do mar e pronunciou o famoso lamento: "Água, água por todo lado/ E nenhuma gota para beber." O equivalente moderno dessa água salgada são as informações. Estão por todo lado, até onde a vista — ou o cabo ótico — pode alcançar, mas a maioria das pessoas morre antes de transformá-las em um líquido potável. O método científico intimidou tanto o pensador médio que ele não sabe trabalhar com o que tem, precisa de mais informação. Tenta buscá-la avidamente, ignorando na sua pressa as riquezas ao seu lado.

Esse pensamento acomodado, e não o pensamento ousado, nos prejudica há milhares de anos. Lembrem que durante muito tempo o mundo foi considerado plano, até alguém propor que talvez não fosse plano. Há algumas centenas de anos os seres humanos, com o mesmo cérebro que temos hoje, olhavam para o horizonte e estremeciam ao pensar em navegar até o outro extremo da terra, temendo as garras dos monstros marinhos. Não devemos rir dessa ignorância e sim estremecer, pois podemos estar tão errados hoje como estávamos antes sobre um conceito tão fundamental quanto a forma do mundo. Precisaremos de pessoas inovadoras para descobrir quais são esses conceitos errados. Tomara que não estejamos apressados demais para ouvir.

O que separa o grande inovador do simples coletor de informação é a capacidade de parar de juntar dados e pensar no que foi encontrado. Alexander Fleming pensou bastante sobre o que John Tyndall observara cinqüenta anos antes para criar a penicilina. Reorganizar os elementos de uma experiência — as informações — em novas formas é o que faz a diferença. O cirurgião que desenvolve um novo procedimento, o químico que sintetiza uma nova molécula, o treinador de futebol que desenvolve um novo esquema param para pensar e trabalhar o que têm. Fazem o que meu filho fez naquele quarto de hotel. Pensam e brincam com a idéia que têm.

Como expliquei antes, "brincar" não é apenas o que a criança faz quando está no recreio, embora isso também seja brincar.

Em sentido mais correto, é uma atividade que pode resistir ao gemmelsmerch da vida moderna, que leva do simplório a um reinado mais significativo e produtivo. Sua essência é o engajamento da imaginação. Qualquer atividade que ilumine o cérebro, que ative a imaginação, é o que chamo de brincar. Quem brinca pode estar trabalhando muito. Considere como o poeta trabalha para escrever um verso, como um jogador trabalha para desenvolver um novo drible ou como um investidor trabalha para escolher uma nova ação. Todas essas atividades ocupam a imaginação e exigem uma flexibilidade da mente que não temos no estado-F.

Depois de brincar, ficamos temporariamente protegidos do estado-F. A imaginação cria um campo de força em volta do foco que não permite que nenhum fragmento estranho penetre. Brincar (isto é, usar a imaginação em qualquer atividade) é o criptonita do gemmelsmerch.

A brincadeira está no coração da criatividade. Brincar pode demandar muito tempo, e não há programação de resultados. Brincar não respeita a lógica, desconhece horários e pode ser subversivo. Mas quando a brincadeira dá certo, os planetas da mente se alinham, e um lugar antigo é transformado em um novo.

Parte Dois

Criando um sistema que funcione para você

25

A solução central

Você precisa de um sistema. As forças modernas do gemmelsmerch, da pressa, da enxurrada, do lamber tela, da esquecemania, do megapolvo e da gigaculpa o dominarão se você não tiver um plano para derrotá-las. Se você não estiver com problemas, é porque já criou um sistema sem perceber, por conta própria. Mas, quando se sente agitado, como muita gente, precisa de um sistema baseado em suas próprias necessidades, obrigações e preferências para controlar sua vida.

A solução central que ofereço neste livro é a seguinte: *Não deixar de fazer o que mais lhe interessa.* Tudo o mais neste livro é um apoio a essa meta. Para alcançá-la, é preciso retomar as rédeas e viver de forma ativa e consciente, de acordo com o sistema que *você* próprio desenvolveu, que inclui a criação de um ambiente emocional positivo e o ritmo certo da sua vida.

Não é uma tarefa simples, por isso escrevi um livro e não um parágrafo. Muita coisa tem de ser levada em consideração, especialmente os obstáculos da nossa era moderna.

Se a pressa, a enxurrada e o tumulto não forem controlados, poderão carregá-los de roldão como se você fosse um palito de dente em um tufão. A vida moderna pega as pessoas de surpresa diariamente, como uma onda jogando-as de volta à praia, esfarrapadas, exaustas, cuspindo areia, quase desmaiando. Segundo um estudo de 2005 do Instituto Família e Trabalho, cerca de um terço dos empregados dos Estados Unidos se sente esgotado ou sobrecarregado com a quantidade de trabalho que tem de fazer. Embora ninguém tenha controle total da sua vida, a maioria das pessoas tem mais poder de controle do que realmente exerce.

Se você não tiver uma estratégia, quase certamente será dominado por forças como o gemmelsmerch, megapolvo, gigaculpa, lamber tela, sanguessugas, flechas destruidoras, abano do rabo, kudzu e empilhação; que roubarão seu tempo e atenção, esgotando sua energia mental, forçando o plano *delas* sobre o seu, deixando-o incapaz de fazer qualquer coisa que não seja lutar para não se afogar quando as ondas o levarem para longe.

Lembre que, embora a solução central seja assumir o controle, esse controle nunca será completo. Como disse no início deste livro, a busca pelo controle total é parte do problema. Chamo isso de "controle paradoxal". Depois de um certo ponto, quanto mais você tentar controlar as coisas, menos controle terá. Isso porque essas tentativas tomam tanto tempo, atenção e energia que não lhe resta muito para exercer o controle que lutou para conseguir.

A chave da questão é encontrar o equilíbrio certo entre controle e falta de controle. A Oração da Serenidade, muito citada nos Alcoólicos Anônimos, mostra bem a idéia:

Deus, me dê serenidade
para aceitar aquilo que não posso mudar,
coragem para mudar o que posso
e sabedoria para entender a diferença.

Mas, no mundo de hoje, eu iria um pouco mais adiante. É importante aceitar e "deixar de lado" até mesmo algumas coisas que você pode mudar mas não tem tempo, se quiser preservar o ritmo certo da sua vida. O que estabelece o ritmo depende de você, é claro. Para alguns é uma velocidade vertiginosa. Mas, para a maioria, é mais lento que as forças que nos cercam, nos tentam ou nos empurram para a frente.

Tomo a liberdade de modificar a Oração da Serenidade conforme meus propósitos neste livro.

Deus, me dê serenidade
para aceitar aquilo que não posso mudar,
percepção para priorizar de forma consciente o que tenho de mudar,
paciência para resistir a controlar tudo que poderia controlar se tivesse energia e tempo,
coragem e aptidão para mudar aquilo que resolvi mudar,
e sabedoria para entender a diferença entre tudo isso.

Quando perceber que, se não conseguir recuperar algum controle, ele continuará a ser tirado de você, tornando-o cada vez mais ocupado, você finalmente se perguntará: Como fazer isso? Já sugeri alguma táticas, e os capítulos seguintes sugerem mais.

26

Aceitando os limites: o primeiro passo para fazer o que é mais importante

Você sabe aonde vai o seu tempo? Muita gente controla seus gastos até o último centavo (minha esposa e eu não, porque isso nos deixa angustiados e é chato, uma estranha combinação de emoções). Mas não conheço ninguém que controle seu tempo até o último minuto ou segundo. Imagino que alguns poderosos tenham quem faça isso por eles, mas mesmo assim eles devem contar com uma grande margem de erro diária.

Se você perguntar às pessoas qual é seu salário, elas sabem dizer, com poucas exceções. Se pedir para calcularem quanto ganhariam na próxima década ou pelo resto da vida, poderão lhe dar uma boa estimativa se tiverem meio minuto para calcular. E poderão dar também estimativas bastante precisas de quanto várias outras pessoas ganham.

A maioria sabe tanto quanto ganha como quanto gasta, em que gasta, como planeja gastar, se está economizando, onde jogou dinheiro fora, quais são seus maus hábitos com relação a dinheiro, que mudanças gostaria de fazer na sua vida financeira e como é sua relação com o dinheiro — e ainda sabe ou pode especular esses fatos sobre a vida dos outros.

Há também quem leia livros sobre dinheiro, leia artigos de jornais e revistas sobre dinheiro, pague para receber orientação financeira de especialistas e até mesmo contrate um analista financeiro que esteja sempre disponível. O estudo sobre dinheiro é um assunto acadêmico importante sobre o qual um Prêmio Nobel é concedido anualmente.

Mas o tempo, apesar de muito mais precioso que o dinheiro, não é notado. Nós gastamos tempo, desperdiçamos tempo e até mesmo matamos o tempo. É pior que queimar dinheiro. Os sábios de antigamente nos aconselhavam a aproveitar o dia, a tirar o maior proveito do momento, a viver cada dia como se fosse o último, mas quase ninguém faz isso. O tempo tem um fim, mas nos comportamos como se fosse infinito pois, mesmo sem perceber, negamos a morte na nossa vida diária.

Às vezes, algo nos força a encarar a morte. O diagnóstico de um câncer maligno. Ou a morte súbita e inesperada de um amigo.

No meu caso, foi uma simples pergunta de uma menina de 13 anos. Eu tinha 42 anos na época e fumava há mais de vinte. Um dia minha filha olhou para mim quando me viu na varanda fumando e perguntou: "Papai, quando você vai parar de chupar esses cigarros?"

Naquele momento compreendi, como nunca compreendera antes, que estava negando minha própria mortalidade. Fingia que os cigarros não me matariam. Mas quando alguém que dependia de mim perguntou inocentemente quando eu iria parar de fazer algo que me mataria, meu cérebro deu uma sacudida e eu vi o que não queria ver antes — eu ia morrer um dia. Como podia ser tão imprudente e burro a ponto de brincar com a morte e arriscar deixar minha filha mais cedo do que precisava?

Nunca mais fumei um cigarro. De uma hora para a outra. Por medo.

Não devemos esquecer que qualquer dia pode ser nosso último dia. Devemos fazer todo o possível para viver intensamente enquanto podemos. Só um tolo diria que isso não importa.

Ou uma pessoa ocupada demais para pensar. É uma forma de evitar uma avaliação de sua vida, e lembrar que a morte pode vir a qualquer hora. A pessoa ocupada pode dizer: "Estou ocupada demais para pensar nisso. Como posso pensar na morte se tenho quilos de roupa para lavar e tenho de me preparar para uma reunião?"

Eu pergunto: "Como não pode?" Assim como minha filha me abriu os olhos, todo mundo deve acordar e se perguntar: "Estou fazendo o que realmente quero fazer? Estou fazendo o que mais me interessa?" Não deixe sua vida ocupada afastá-lo disso. Senão, viver ocupado é um suicídio lento, assim como fumar — e vicia tanto quanto o fumo.

A forma como você usa seu tempo é reflexo de quem você é e o que *sente* que mais lhe interessa. Talvez pense de uma forma e sinta de outra. Por exemplo, você pode imaginar que manter suas amizades e arranjar tempo para o jantar de família é muito importante, mas pode *sentir* que, se não fizer horas extras no trabalho, será despedido e sua vida irá pelo buraco. Quando o medo passa a governar o uso do seu tempo, você deixa de ser fiel a você mesmo e desiste de viver uma vida autêntica.

Depois de trazer à tona esse assunto difícil, o medo da morte, o medo do abismo, o medo do que não podemos controlar, a necessidade de aceitar nossos limites, no próximo capítulo falaremos da conseqüência prática de aceitar tais limites — ou seja, como usar o tempo que temos antes de morrer.

27

Conseguindo o melhor retorno dos seus investimentos de tempo

Para investir bem seu tempo é preciso criar prioridades na vida. Caso contrário, as sanguessugas — pessoas desagradáveis e projetos insignificantes — irão roubá-lo de você.

Assim como muita gente se espanta quando vai verificar onde gastou seu dinheiro, você talvez se espante quando perceber como gasta seu tempo, especialmente se classificar cada atividade de vida por seu devido valor. Isso é mais que um jogo, é um dos cálculos mais reveladores que existem.

Primeiro, farei algumas perguntas, não sobre sua conta bancária, mas sobre sua conta temporal. Normalmente não pensamos em quanto tempo temos, mas é um bom ponto a considerar. Você sabe quanto tempo você tem?

Quantos minutos por dia?
Quantos minutos por semana?
Quantos minutos por ano?
Se viver até os 75, quantos minutos de vida?
Quantos minutos lhe restam?

As respostas são as seguintes:
Em um dia, 1.440 minutos.

Em uma semana, 10.080 minutos.

Em um ano, 525.600 minutos.

Em 75 anos de vida, 39.420.000 minutos.

Você tem aproximadamente meio milhão de minutos por ano que continuar vivendo.

Imaginando que você viva até os 75 anos (sei que todos acham que viverão mais que isso, mas vamos fazer uma estimativa por baixo), a seguinte tabela lhe dirá quantos minutos lhe restam, a começar dos 25 anos e seguindo a cada cinco anos:

Idade atual	Minutos restantes até os 75 anos
25	26.280.000
30	23.652.000
35	21.024.000
40	18.396.000
45	15.768.000
50	13.140.000
55	10.512.000
60	7.884.000
65	5.256.000
70	2.628.000
74	525.600
74 anos 11 meses	43.200
74 anos 11 meses 30 dias	1.440
74 anos 11 meses 30 dias 23 horas	60
74 anos 11 meses 30 dias 23 horas 59 minutos	1

Para mim esse "1" no final é ao mesmo tempo inimaginável e assustador.

É claro que seguindo seu espírito de negação da morte você pode olhar a tabela e dizer, "É claro que vou viver até cem anos e meu aniversário será noticiado em jornais e revistas". Imaginando que você chegue lá e celebre seu aniversário, basta reajustar os números da coluna. Em qualquer idade que imagine que vá morrer, os números dessas quatro últimas colunas continuarão os mesmos.

Você pode resmungar e dizer: "Ah, já sei de tudo disso, sei que devo aproveitar o dia, sei de todo esse blablablá. Muito bem. Prefiro deixar isso por conta dos filósofos e religiosos." Por favor, tenha paciência comigo. Isso não é um sermão. É uma *série de fatos*, como um contador poderia lhe apresentar com relação às suas finanças. Você não o ignoraria, não é? (Na verdade, é o que minha esposa e eu tentamos fazer com nosso contador, mas ele não deixa, bendito seja.)

Você já sabe o volume da sua conta bancária, e agora tem uma idéia do tamanho da sua conta temporal. Como seu novo contador do tempo, vou lhe fazer mais umas perguntas sobre como você passa seu tempo e como acha que outras pessoas passam o delas.

Quantas horas trabalha por dia?

Quantas horas acha que o ser humano trabalha em média por dia?

Quantas horas por dia vê televisão?

Quantas horas por dia o ser humano vê televisão em média?

Quantas horas dorme por dia?

Quantas horas o ser humano dorme em média por dia?

Para calcular a média das atividades dos "seres humanos" os pesquisadores subdividiram as atividades diárias em quatro grandes categorias: sono, lazer, trabalho e deveres domésticos.

Com base nessa pesquisa, o dia médio de um ser humano médio é o seguinte:

Sono	8,6 horas
Lazer	5,1 horas
Trabalho	3,7 horas
Obrigações domésticas	1,8 hora
Atividades várias, inclusive comer, beber, ir ao colégio, fazer compras.	4,8 horas

Antes que se surpreenda com as 3,7 horas por dia passadas no trabalho, saiba que a pesquisa incluiu muita gente desempregada, idosa e jovens ainda no colégio. Na verdade, apenas 44% dos participantes estavam empregados. Desses 44%, o número de horas passadas no trabalho por dia era de 7,6, em média.

De toda a amostragem, 96% declarou algumas horas de lazer (e os outros 4%, não tinham tempo de descanso?). Do tempo de lazer, 50% era passado assistindo à televisão, ou uma média de duas horas e meia por dia. Convívio social era o próximo percentual mais alto, chegando a 45 minutos por dia.

As 8,6 horas passadas dormindo é um dado tão impreciso quanto a estatística de 3,7 horas no trabalho, pois há uma grande variação quanto ao número de horas que se dorme. Quando há grande variação, as médias são enganosas. Na verdade, segundo uma pesquisa de 2001, dois terços dos americanos não dormem o número recomendado de horas por noite. Roubam o tempo de sono para trabalhar mais. Dos participantes, 38% declararam trabalhar sessenta horas ou mais por semana.

Ao que parece, um grupo de pessoas trabalha duro e não dorme o suficiente, enquanto o outro ainda está na escola, desempregado ou aposentado e dorme o suficiente. Ambos os grupos declaram que vêem televisão pelo menos duas horas e meia por dia, e passam de uma a duas horas cuidando da casa e do jardim.

Onde você se encaixa?

Avaliação sistemática de uso do tempo e valor ganho pelo tempo investido

Como você investe seu tempo? Talvez tenha alguma idéia, mas duvido que tenha realmente contado os minutos — como faz muitas vezes para checar seu extrato bancário. Logo vou apresentar uma grade — adaptada, mas bastante alterada, dessa pesquisa. Através dessa grade você pode olhar de forma organizada, talvez pela primeira vez, como gasta suas horas e como valoriza cada atividade.

Já fez isso antes? Não conheço ninguém que tenha feito. Pessoas empregadas talvez tenham de se preocupar com o uso do seu tempo, mas não avaliam o valor desse tempo, como esse formulário lhe pede para fazer. Na verdade, é um absurdo fazermos uma contabilidade detalhada do nosso dinheiro e quase nunca fazermos o mesmo com nosso tempo e energia.

Antes de mostrar a grade, vou apresentá-la a você. Ela inclui várias categorias novas, como tempo eletrônico (separado da televisão), tempo íntimo (carícias, fazer amor, conversas íntimas, separado da categoria convívio social), tempo desperdiçado ou perdido, e tempo criativo. Tempo criativo é aquele que passamos pensando, refletindo produtivamente, conversando criativamente com um colega, e assim por diante. Tanto o tempo desperdiçado como o criativo podem aparecer com freqüência durante alguma outra atividade, como enquanto fazemos trabalho doméstico ou vemos televisão. Muitos elementos foram subdivididos, como tempo gasto com trabalho que você gosta de fazer e que não gosta de fazer, convívio social com pessoas de que gosta e com pessoas de que não gosta.

Depois de horas passadas em cada atividade, a grade inclui uma avaliação do esforço necessário para exercer cada atividade. É claro que o esforço varia durante a atividade, e também varia a cada dia. Nessa avaliação, anote a média do esforço conforme sua experiência. Tenha cuidado para não avaliá-lo como gostaria que fosse, e sim como realmente é, em média. Nessa escala, você pode avaliar seu esforço de 5 (pouco esforço exigido) a 1 (máximo de esforço exigido). Note que a avaliação é o inverso das outras, vai de 5 a 1 e não de 1 a 5. Quanto maior o esforço mais baixo o número da avaliação, e quanto menor o esforço mais alto o número da avaliação.

A razão dessa ordem invertida é que mais tarde, quando você calcular o que chamo de "fator de valor", terá de multiplicar esforço x gratificação x outro fator chamado de "necessidade/coisa-certa-a-fazer". O esforço é o único desses três fatores capaz de tornar uma atividade menos válida quanto mais aumentar. Portanto, a escala da avaliação de esforço usa o número mais alto, 5, para indicar o esforço menor, e 1 para indicar o esforço maior. Se isso parecer confuso, por favor, tenha um pouco de paciência. A matemática é simples e os números usados serão significativos.

Terceiro, inclui uma avaliação que chamo de "fator de gratificação". Algumas atividades nos deixam satisfeitos, outras frustrados ou cansados, independentemente do esforço exigido. Use uma avaliação de 1 a 5 aqui. Se uma atividade deixá-lo altamente gratificado, dê 5. Se for altamente frustrante, dê 1.

Depois de avaliar os fatores de esforço e de gratificação, pode chegar a um produto simples: esforço x gratificação. Um esforço máximo (1) multiplicado por gratificação mínima (1) dá um produto 1. É o grau mais baixo possível, e indica que você é maluco de fazer essa atividade ou que está sendo forçado a fazer, por outra pessoa, por necessidade ou por seus valores. Se esse produto — esforço x gratificação — for menor que 5, talvez você não esteja conseguindo gratificação suficiente pelo esforço empregado e deva tentar mudar, se possível.

Mas o resultado não é definitivo. Por exemplo, algumas atividades que merecem ser preservadas na sua vida levarão 5. São atividades que exigem esforço máximo (1) com uma gratificação máxima (5) e um produto 5. Para mim, escrever este livro foi esse tipo de atividade. Nada me dá mais trabalho, mas escrever livros é altamente gratificante. O produto de esforço x gratificação é 5, mas não é uma atividade que eu deveria eliminar. O 5 é só uma bandeira vermelha para você dar uma segunda olhada nessa atividade e decidir se deseja continuar.

Para ajudar a avaliar o que fazer quando o produto é menor que 5, a grade inclui o fator de necessidade/coisa-certa-a-fazer. Isso mostra se uma determinada atividade é necessária e se você acha que deve fazê-la simplesmente porque é certa ou porque está de acordo com seus princípios. Se uma atividade não é fundamental, como ver televisão, dê a avaliação mais baixa: 1. Se é essencial, como dormir, dê a avaliação mais alta: 5. Se ficar entre essencial e não-essencial, avalie em 2, 3 ou 4.

Da mesma forma, se achar que é a coisa certa a fazer, avalie em 5. Por exemplo, você pode não querer visitar um parente de quem não gosta muito, mas, pela união da família, você acha que é a coisa certa a fazer. Essa visita levaria muito tempo, exigiria muito esforço, lhe daria um mínimo de gratificação, e não é, a bem dizer, necessária. Porém o resultado seria 5 porque essa atividade tem alta avaliação a seu ver em termos da coisa certa a fazer.

Voltando agora ao produto de esforço x gratificação, a única justificativa para fazer uma atividade que cria um produto menor que 5 é ela apresentar um fator de alta necessidade ou coisa-certa-a-fazer. Por exemplo, pagar contas exige muito esforço e em geral não é gratificante. Seu produto de esforço x gratificação é menor que 5. Porém, é altamente necessária. Portanto, é uma atividade que deve ser mantida.

Por outro lado, digamos que você freqüente regularmente um grupo de análise de finanças para aprender a lidar melhor com dinheiro. É um grande esforço encontrar tempo, e ir às reuniões exige esforço porque elas não são nada interessantes. Você está indo lá há seis semanas e até agora não aprendeu muito. O produto de esforço x gratificação é menor que 5, e o fator de necessidade é baixo. Portanto, é uma atividade que poderia ser eliminada.

É claro que isso leva ao número mais importante da grade: o fator de valor. Multiplique esforço (coluna III) por gratificação (coluna IV) por necessidade/coisa-certa-a-fazer (coluna VI) para chegar ao fator de valor. Comparando o fator de valor com as horas gastas na atividade, você poderá ver, em números claros como os do seu extrato bancário, se está gastando seu tempo de maneira justa.

Vale a pena calcular o produto de esforço x gratificação com seu próprio resultado antes de calcular o fator de valor, pois algumas atividades podem ser completamente desnecessárias mas altamente gratificantes e podem exigir muito esforço. Um bom exemplo é tocar este, se violino for seu hobby. Ou criar um plano comercial que você, como empresário frustrado, sonha desenvolver. Ou começar o livro que sempre quis escrever. Cada uma dessas atividades teria um produto 5 de esforço x gratificação; esforço máximo (1) x gratificação máxima (5). Como todas são desnecessárias, o fator de valor seria baixo, apenas 5. No entanto, cada uma delas representa um tempo bem gasto.

De um modo geral, você gostaria que seus valores fossem 25 ou mais alto ainda. Por exemplo, digamos que você passe vinte minutos por dia no chuveiro. Você dá um 5 para esforço (praticamente nenhum esforço exigido), 5 para o fator de gratificação (banho de chuveiro é muito agradável) e 5 para o fator de necessidade (supondo que você considere uma necessidade estar limpo). Isso cria um fator de valor de 125, o mais alto possível. Considerando que gastou apenas vinte minutos no chuveiro, esse tempo gasto vale a pena. Ou, para usar meu vocabulário, banho de chuveiro é um dos lírios da sua vida.

Por outro lado, digamos que você gasta uma hora lambendo a tela (um tempo desnecessário diante da tela). Isso gera um fator de esforço 5 (nenhum esforço), fator de gratificação 1 (nenhuma gratificação) e fator de necessidade 1 (totalmente desnecessário), para um fator de valor 5.

A única forma de chegar a um fator de valor mais baixo seria se a atividade improdutiva exigisse muito esforço. Por mais estranho que pareça, todos nós fazemos essas atividades de vez em quando. Um exemplo seria conviver socialmente com alguém que não nos agrada. O fator de esforço é 1: é exigido muito trabalho. O fator de gratificação é 1 (nenhuma gratificação; quando muito uma gratificação negativa). O fator de necessidade também é 1 (totalmente desnecessária, a não ser que haja uma razão profissional para se socializar com essa pessoa) e o fator de coisa-certa-a-fazer também é 1, a não ser que nos pareça "certo" gastar tempo com pessoas de quem não gostamos por pena ou culpa. Essas avaliações chegam a um fator de valor 1, o mais baixo possível.

Atividades 1 constituem as piores sanguessugas da sua vida. Sugam você sem nenhuma razão. Se possível, elimine-as.

Isso não quer dizer que você deva parar de ver televisão ou de fazer outras atividades aparentemente desnecessárias. Para algumas pessoas, ver televisão recarrega as baterias e ajuda a relaxar. Pode ter uma avaliação de necessidade 3, 4 ou até mesmo 5 e um fator de gratificação igualmente alto, resultando em um alto fator de valor.

Em geral, qualquer atividade com fator de valor abaixo de 5 merece séria consideração de ser eliminada. O valor é apenas uma bandeira vermelha, sinalizando que a atividade deve ser revista. Qualquer fator de valor que totalize 25 ou mais representa um bom investimento do seu tempo. As atividades que ficam entre 5 e 25 merecem uma segunda olhada. Pergunte a si mesmo como poderia fazer para tornar esses valores mais altos.

A idéia aqui é avaliar suas atividades, não em termos do seu valor absoluto — que é um cálculo indefinido —, mas em termos do valor *para você.* Você é quem pode decidir. As regras de avaliação são suas. Quanto vale para você investir seu tempo, energia e atenção em uma certa atividade, lembrando que, neste mundo ocupado, a maioria das pessoas esbanja preciosos recursos? Para responder a essa pergunta difícil porém vital, sugiro que preencha essa elaborada grade.

Compreendo que é longa e pode exigir um fator de esforço 1 (máximo esforço!) para ser preenchida, mas estou certo de que descobrirá que essa grade lhe dará um fator de valor especialmente alto e oferecerá dados para uma possível mudança de vida nunca antes imaginada.

I. Atividade	II. Média de horas	III. Fator de esforço (1 = mais, 5 = menos)	IV. Fator de gratificação por dia (1 = menos, 5 = mais)	V. E x F (coluna III x coluna IV)	VI. Fator de necessidade/ coisa-certa-a-fazer (1 = menos, 5 = mais)	VII. Fator de valor (produto das colunas III, IV, VI)
CUIDADO PESSOAL (TOTAL DE HORAS)						
Dormir						
Comer						
Usar o banheiro						
Tomar banho						
TRABALHO DOMÉSTICO (TOTAL DE HORAS)						
Cuidar da casa						
Cozinhar e lavar louça						
Lavar roupa						
Aparar a grama e cuidar do jardim						
Comprar alimentos e cuidar da manutenção do carro						

I. Atividade	II. Média de horas	III. Fator de esforço (1 = mais, 5 = menos)	IV. Fator de gratificação por dia (1 = menos, 5 = mais)	V. E x F (coluna III x coluna IV)	VI. Fator de necessidade/ coisa-certa-a-fazer (1 = menos, 5 = mais)	VII. Fator de valor (produto das colunas III, IV, VI)
Serviços profissionais (médico, cabeleireiro etc.)						
Ajudar/cuidar de pessoas da família						
Ajudar/cuidar de pessoas de fora da família						
TRABALHO E ATIVIDADES LIGADAS A TRABALHO (TOTAL DE HORAS)						
A parte do trabalho de que você mais gosta						
A parte do trabalho de que você menos gosta						
A parte do trabalho de que gosta mais ou menos						
DIRIGIR, VIAJAR EM TRANSPORTE PÚBLICO, TÁXIS (TOTAL DE HORAS)						

I. Atividade	II. Média de horas	III. Fator de esforço (1 = mais, 5 = menos)	IV. Fator de gratificação por dia (1 = menos, 5 = mais)	V. E x F (coluna III x coluna IV)	VI. Fator de necessidade/ coisa-certa-a-fazer (1 = menos, 5 = mais)	VII. Fator de valor (produto das colunas III, IV, VI)
ATIVIDADES EDUCACIONAIS (TOTAL DE HORAS)						
ATIVIDADES ORGANIZACIONAIS, CÍVICAS E RELIGIOSAS (VOLUNTÁRIAS, NÃO-PAGAS) (TOTAL DE HORAS)						
Organizacional						
Cívica						
Religiosa						
LAZER (TOTAL DE HORAS)						
CONVÍVIO SOCIAL (TOTAL DE HORAS)						
Com pessoas de que você gosta muito						
Com pessoas de que não gosta muito						

I. Atividade	II. Média de horas	III. Fator de esforço (1 = mais, 5 = menos)	IV. Fator de gratificação por dia (1 = menos, 5 = mais)	V. E x F (coluna III x coluna IV)	VI. Fator de necessidade/ coisa-certa-a-fazer (1 = menos, 5 = mais)	VII. Fator de valor (produto das colunas III, IV, VI)
Com pessoas de que gosta mais ou menos						
Prática de esporte						
Outros exercícios						
TEMPO ELETRÔNICO (TOTAL DE HORAS)						
E-mail (necessário)						
E-mail (lamber tela)						
Internet (necessária)						
Internet (lamber tela)						
Televisão (necessária)						
Televisão (lamber tela)						
Telefone fixo						

I. Atividade	II. Média de horas	III. Fator de esforço (1 = mais, 5 = menos)	IV. Fator de gratificação por dia (1 = menos, 5 = mais)	V. E x F (coluna III x coluna IV)	VI. Fator de necessidade/ coisa-certa-a-fazer (1 = menos, 5 = mais)	VII. Fator de valor (produto das colunas III, IV, VI)
Celular						
Computador (necessário)						
Computador (lamber tela)						
TEMPO ÍNTIMO (FAZER AMOR, CARINHOS, CONVERSA ÍNTIMA) (TOTAL DE HORAS)						
TEMPO DESPERDIÇADO, MATADO OU ESQUECIDO (TOTAL DE HORAS)						
TEMPO CRIATIVO (TOTAL DE HORAS)						
OUTROS (DESCREVER) (TOTAL DE HORAS)						

Depois de preenchida essa grade, você terá reunido informações que a maioria das pessoas desconhece. Elas acham que conhecem, mas estão erradas. Você agora conhece.

Lembre que os valores encontrados são meras bandeiras vermelhas, sinais para você dar uma segunda olhada. Sempre que encontrar um produto de esforço x gratificação abaixo de 5, ou um fator de valor abaixo de 5, olhe de novo. Sempre que encontrar um fator de valor de 5 a 25, dê uma segunda olhada também. Quer realmente continuar com essas atividades como está fazendo agora?

Valores acima de 25 indicam um sólido investimento do seu tempo. Obviamente, quanto mais alto, melhor.

Munido de uma avaliação sistemática como essa para saber como gasta seu tempo, você pode derrotar o gemmelsmerch, a pressa, a enxurrada, o megapolvo e todos os outros monstros da vida moderna. Pode ter certeza de que nunca vai ficar ocupado demais nem distraído demais para focar o que é mais importante. Como? Passe os olhos pela coluna IV (Gratificação), e se certifique se o número correspondente na coluna II (Média de horas por dia) é o maior que você pode ter.

28

Dez sugestões indispensáveis para administrar a vida moderna

1. Faça o que mais lhe interessa. Olhe a tabela do capítulo anterior para sua própria avaliação do que mais lhe interessa. *Não fazer* o que mais lhe interessa é o desastre mais comum da vida excessivamente ocupada. Não diversifique demais. As pessoas muitas vezes começam o dia como se fossem um ventilador, girando em todas as direções, e o megapolvo as aprisiona rapidamente. Gemmelsmerch, a força da distração, é tão poderosa que, se você não reservar um tempo para o que lhe interessa, provavelmente não fará ou não terá o tempo necessário para tudo. Concentre-se no que você mais gosta de fazer e no que faz melhor. Você não tem tempo suficiente para tudo nem tempo suficiente para tentar fazer bem uma coisa na qual você não é bom ou fazer o que não gosta (a não ser que precise). A tecnologia nos permitiu fazer tanta coisa mais do que conseguíamos fazer antes que temos vontade de fazer tudo que sempre quisemos. Isso o deixará atrapalhado, seja você uma criança ou um adulto.

   Você deve escolher. Deve ter prioridades. Para fazer uma coisa bem e ser feliz, deve dizer "Não, obrigado" para muita gente e muitas atividades.

   Cultive seus lírios e se livre das sanguessugas. Livre-se dos obstáculos, sejam eles projetos, pessoas ou idéias. Uma idéia pode se tornar uma sanguessuga — como a idéia de que é ruim ficar zangado, que é ruim dizer não a um amigo ou que é ruim ser diferente. Considerar essas coisas como sanguessugas exige alguma coragem, mas tirando essas coisas do seu caminho você irá liberar uma boa quantidade de tempo e energia mental positiva.

Cultivar os lírios tem o mesmo efeito. Se você se permitir gastar tempo com projetos, pessoas e idéias que o estimulam e o fazem crescer, aguardará a chegada de cada dia com mais prazer do que hoje.

Cultivar os lírios e se livrar das sanguessugas não significa tornar-se egoísta. Na verdade, um dos melhores lírios, para muita gente, é ajudar os outros. Dá uma sensação maravilhosa e realimenta a alma. Ajudar os outros é um lírio, não uma sanguessuga, a não ser que a ajuda seja excessiva.

2. Crie um ambiente emocional positivo em todo lugar que estiver. A emoção positiva não é uma frescura. A emoção é um botão liga/desliga para o funcionamento mental efetivo. A melhor forma de criar um ambiente emocional positivo é se esforçando para manter relacionamentos positivos em todo lugar que estiver. Quando você se sente protegido e seguro no seu ambiente, quando se sente bem-vindo e querido, pensa melhor, se comporta melhor, trabalha melhor e é mais capaz de ajudar os outros. Deixar de reconhecer esse fato crucial é a principal razão de tanta gente se curvar à loucura da vida moderna. Quando o ambiente emocional não é positivo, as pessoas perdem a flexibilidade, o entusiasmo, a paciência, o humor e a criatividade. Tornam-se menos inteligentes que normalmente, e menos confiantes. Tornam-se, portanto, menos capazes de cooperar, planejar, organizar, prever, participar e desempenhar todas as outras funções essenciais para prosperar em um ambiente confuso.

3. Encontre seu ritmo. Quando você encontra seu ritmo, permite que grande parte do seu dia seja controlada pelo piloto automático do cérebro, para que a parte criativa e pensante possa atender exclusivamente ao que deve atender. É possível encontrar seu ritmo somando várias sugestões deste livro: criando um ambiente emocional positivo, fazendo o que gosta e o que sabe fazer bem, priorizando o uso do seu tempo e usando sua energia matinal de forma apropriada, livrando-se das sanguessugas, e assim por diante. Quando você atinge seu ritmo, está no que os atletas chamam de "zona-alvo" e os psicólogos chamam de "fluxo". Independentemente do nome, as pesquisas provaram que esse estado de espírito eleva tudo que você faz a nível máximo.
4. Invista seu tempo com racionalidade para obter um retorno máximo. Tente não deixar que lhe roubem tempo ou tente não desperdiçá-lo. O tempo, como o dinheiro, é perdido se não for usado de forma apropriada. Hoje em dia isso é mais importante que nunca, pois há mais ladrões inteligentes prontos para roubar seu tempo do que havia antes. Deixe a avaliação do capítulo anterior ajudá-lo a decidir o que acrescentar, o que preservar e o que eliminar do seu tempo.
5. Não desperdice tempo lambendo tela. Lamber tela, um vício moderno, é como fumar. Depois que você fica viciado, é extremamente difícil largar o vício. Se o lambedor de tela não ficar muito tempo diante de uma tela, pode sentir algo como uma crise de falta de nicotina. Começa a andar de um lado para o outro, à procura da máquina para ligar. Vejo muitas pessoas no avião ou na igreja que mostram claros sinais de abstenção de tela. Não param quietas, olham em volta, lêem alguma coisa por um instante, param de ler, olham o relógio, e em geral ficam aflitas por não poderem se acalmar diante de uma tela.

Embora lamber tela não ofereça o risco de saúde que o fumo oferece, pode limitar seriamente sua produtividade e crescimento mental.

Faça o que for possível para acabar com esse hábito. Embora não exista um remédio para ajudar as pessoas a deixar de lamber tela, a combinação de vontade e estrutura pode funcionar. A vontade vem simplesmente do reconhecimento do problema. A estrutura se refere a qualquer mudança no seu comportamento ou no ambiente que escolhe para ajudá-lo a largar o vício. Por exemplo, levar a tela para outro quarto, colocar um despertador ao seu lado para tocar depois de certo tempo, programar o computador para dar um sinal a cada dez minutos, ou condicionar-se a trabalhar durante um período extenso até se permitir uma "pausa para lamber tela" são coisas que podem ajudar. Seja criativo e invente seus próprios métodos para acabar com o hábito de lamber tela.

Em casos extremos, é recomendada uma ajuda profissional. Tratei algumas pessoas viciadas em tela. Uso os mesmos tratamentos de qualquer outro vício: uma combinação de psicoterapia, meditação, exercício físico e mudanças alimentares, o programa dos 12 passos, e às vezes medicação.

6. Identifique e controle as fontes de gemmelsmerch no seu ambiente. Gemmelsmerch, a força que distrai a pessoa do que ela quer ou deve estar fazendo, é tão penetrante e poderosa quanto a gravidade. Para entender melhor, veja a seguir uma série de fontes possíveis de gemmelsmerch (em itálico), juntamente com formas possíveis de controlar ou eliminar essa força negativa:

   a) ***Computador com defeito, que você passa horas consertando em vez de fazer o trabalho importante que você já queria adiar.***

Faça o trabalho importante primeiro. Coloque um aviso na sua frente dizendo: FAÇA ISSO AGORA. O gemmelsmerch é uma força tão poderosa que, se você não o conhecer nem souber como resistir, é engolido por ele. Como a força da maré em uma praia bonita. Se você não for avisado, pode sair nadando e nunca mais voltar.

b) ***Revistas.***

Tire-as de perto, olhe para o outro lado ou simplesmente diga a si mesmo que elas estão proibidas — como se diz a um alcoólatra que o bar está proibido —, pelo menos até o trabalho terminar.

c) ***Correspondência a ser aberta.***

Estabeleça um certo tempo para abrir sua correspondência e ler tudo. Correspondência por abrir é tão carregada de gemmelsmerch que é melhor colocá-la em outro cômodo.

d) ***Tela do computador a pouca distância de você.***

Mude a tela de lugar, talvez até para outro cômodo, se possível. Não é tão ruim ter de se levantar e dar uns passos se isso evitar que você desperdice horas do seu tempo.

e) ***Telefone, celular ou Palm.***

Desligue tudo. Limite o tempo para receber suas chamadas. Por exemplo, o pediatra de meus filhos atende o telefone toda manhã das sete às oito. Recebe ligações em outras horas também, mas só em caso de emergência. Decida se você realmente quer estar o tempo todo disponível. Se não, desligue seu celular ou outros "dispositivos eletrônicos portáteis".

f) ***Televisão.***

Como todos os outros aparelhos eletrônicos, a televisão é ótima desde que seja usada de forma apropriada. Não sou desses radicais que odeiam televisão. Muito pelo contrário. Vejo televisão todo dia, pois recarrega minhas baterias e me diverte bastante. Porém, em excesso, como qualquer outra coisa, é ruim para o cérebro. Você é quem determina o que pode ser considerado excesso. Eu diria mais de uma hora por dia.

g) ***Uma porta aberta por onde qualquer um pode entrar.***
Feche a porta quando não quiser ser interrompido. Ponha uma placa na porta dizendo TRABALHANDO. DISPONÍVEL ÀS ____ HORAS.

h) ***Outros itens da sua lista de coisas-a-fazer que lhe vêm à cabeça, tornando difícil ou chato o que você está fazendo no momento.***
Reconheça que já é tempo de dar uma pausa. Levante-se, faça um pequeno exercício (dê uns saltos ou fique de cócoras), tome um copo de água, medite durante três minutos, depois volte ao seu trabalho. Tente não abandonar o que estava fazendo.

i) ***Programas de rádio.***
Ouça com cuidado. Eles podem viciar. Você pode ficar tão ligado a um programa que perde o foco do que estava fazendo. A melhor hora para ouvir esses programas é quando você está fazendo uma tarefa prática: lavando pratos, preparando a roupa para lavar, barbeando-se ou dirigindo. Em outros momentos, desligue o rádio.

j) ***Uma nova idéia que lhe vem à cabeça.***
Tenha sempre um bloco de anotações por perto (mesmo quando estiver dormindo, caso uma idéia lhe venha à cabeça no meio da noite — pode acreditar, você não vai se lembrar de manhã, mesmo que pense que vai). Use o bloco para anotar grandes idéias ou coisas bobas que não quer esquecer (como comprar um litro de leite quando voltar para casa) e que lhe vêm à cabeça quando está trabalhando.

k) ***Culpa.***

A culpa, ou sua manifestação moderna, a gigaculpa, pode se arrastar insistentemente na sua cabeça como uma âncora no mar. Embora seja difícil deixar a culpa de lado, é melhor não dar muita atenção a ela. Um dos meu heróis, o ensaísta do século XVIII, Samuel Johnson, lutou contra a culpa durante quase toda a vida. Quando a culpa vinha, era violenta. Ele ficava na cama com a idéia e escrevia longos textos desesperados nos seus diários. Mas nada disso ajudava, na verdade parecia aumentar ainda mais seu desespero. Creio que a melhor forma de lidar com isso é, em primeiro lugar, examinar a parte racional da culpa. Se você fez algo errado, tente melhorar a situação, peça desculpas, pague, faça o que for preciso. Depois converse consigo mesmo ou, melhor ainda, com outra pessoa. Digamos que você se sinta culpado por não poder passar mais tempo com sua mãe, que está doente. Explique a si mesmo — ou à outra pessoa — por que não pode passar mais tempo com ela. Diga que isso o deixa triste e frustrado. Aceite a idéia de que não pode fazer nada, de que não tem controle total sobre a vida. Então, quando a culpa vier, e ela virá, lembre que está fazendo tudo que pode, que fez algumas escolhas difíceis porém necessárias, e que, embora isso o deixe triste e frustrado, é o melhor que pode fazer. Se conseguir perceber como a culpa é irracional — uma tentativa de mudar os fatos da vida —, talvez seja mais fácil livrar-se dela. Se elaborar tudo com antecedência, quando a culpa chegar, você terá uma forma rápida de se livrar dela.

l) ***Paqueras ou fantasias sexuais.***

São alguns dos melhores momentos da vida. Não acabe com eles, mas não deixe que tomem conta de todo o seu dia. Se possível, quando essas fantasias surgirem, diga a si mesmo que poderá pensar nisso em outra hora, quando puder dar total atenção a elas.

m) ***E-mail.***

Veja o princípio número 5 sobre controle de lamber tela.

n) ***Conversa na sala ao lado.***

Torne seu escritório à prova de som. Algumas máquinas modernas contra ruído dão certo.

o) ***A bagunça no seu escritório, em casa, no jardim ou no carro, que precisa ser organizada.***

O tumulto é uma das forças importantes (juntamente com pressa, enxurrada e preocupação) a serem administradas para que não o distraiam ou dominem. É preciso lutar contra o tumulto diariamente, ou ele vence. Uma das melhores estratégias é cuidar das coisas de uma só vez. Arquive, guarde, pendure, use, responda ou *jogue fora.*

p) ***A coisa importante que você vive adiando fazer.***

O adiamento é outro bicho-papão com o qual devemos tomar cuidado. Como já disse, tente adotar o lema "Faça isso agora" e forçar-se a seguir isso à risca, sempre que possível. Quanto mais adiar uma coisa, maior ela parece.

q) ***Sintoma físico persistente de causa desconhecida, mas que você não quer que seja avaliado por um médico.***

Esse tipo de adiamento, uma variação do item anterior, pode lhe custar a vida. É melhor pedir a um amigo para marcar uma hora no médico para você, se for preciso.

r) ***Dinheiro.***

O dinheiro desvia a atenção de todos nós. A melhor forma de não ser muito influenciado por ele é seguir um plano preestabelecido para sentir que seu dinheiro está bem cuidado, mesmo que viva preocupado porque não tem o suficiente, como acontece com a maioria das pessoas.

s) ***Barulho.***

Você pode não notar o barulho até perceber o silêncio. O "barulho ambiente" da vida moderna é um verdadeiro zumbido monótono. Faça o que for possível para reduzi-lo, como fechar a janela ou a porta.

t) ***Pessoas que têm acesso ao seu pensamento apesar dos seus esforços de mantê-las afastadas.***

Aprenda a lidar com a pessoa em vez de se sentir perseguido por ela. Talvez precise de ajuda e sugestões de um amigo para não deixar que sua cabeça seja envenenada. No meu livro *Ouse perdoar*, explico que perdoar alguém não significa tolerar o que a pessoa fez, mas simplesmente esquecer a raiva. A raiva desvia sua atenção de forma altamente negativa.

u) ***Perigos imaginários.***

Quem tem muita imaginação sonha com todo tipo de perigos. No mundo de hoje, isso não é difícil acontecer, pois existem a toda hora perigos reais. Uma forma de lidarmos com perigos imaginários é falar sobre eles para testar a realidade. É um bom método para sabermos se estamos exagerando.

v) ***Preocupação tóxica.***

Tenho um plano simples de três passos para a preocupação tóxica. Passo 1: Fale com alguém. Nunca se preocupe sozinho. Relacione-se. Passo 2: Examine os fatos. A preocupação tóxica em geral nasce com a falta de informação ou informação errada. Passo 3: Faça um plano. Mesmo que o plano não funcione, você vai se sentir com maior controle da situação, e assim ficará menos preocupado. Se o plano não funcionar, poderá ser refeito.

w) ***Política de escritório, brigas domésticas.***

Estabeleça uma hora para discutir o que precisa ser discutido. Quando souberem que seus argumentos serão apresentados em uma determinada hora ou lugar, seus ouvintes desviarão menos sua atenção.

x) ***Bipes.***

Livre-se deles se for possível. Tenha um serviço de recados. Se precisa ter um bipe, peça que não o chamem desnecessariamente.

y) ***Qualquer coisa que possa pensar para tirá-lo do que está fazendo no momento.***

Quando isso acontece, examine o que está acontecendo. Sua atenção talvez esteja sendo desviada porque há algum problema com o trabalho do momento. Talvez seja chato. Talvez seja difícil. Talvez seja confuso. Qualquer que seja a causa, não pare de uma vez. Não se deixe atrair pelo canto da sereia, faça uma breve interrupção, volte ao trabalho e observe se não passa a vê-lo sob um ponto de vista diferente.

z) ***Divagações aparentemente incontroláveis do seu espírito.***

Essa tendência, a essência do verdadeiro distúrbio de déficit de atenção, afeta todo mundo de vez em quando. Infelizmente, em geral você só tem consciência de que estava divagando quando volta à realidade. Se isso passar a acontecer com mais freqüência, é sinal de que algo vai mal. Devem ser checadas as seguintes possibilidades:

- Circuitos sobrecarregados. Você assumiu tarefas demais e precisa reduzir seu número de atividades.
- Falta de sono.
- Falta de alimentação.
- Desidratação. Tome um pouco de água.

- Tédio. É hora de fazer uma pausa.
- Estresse. Sua cabeça está tentando se afastar de um ambiente estressante. Faça o que puder para reduzir o estresse. Talvez possa dividir sua preocupação com outra pessoa para decidirem juntos como melhorar isso.
- Depressão. Às vezes a depressão começa com falta de concentração.
- É claro que você pode ter um verdadeiro DDA. Vale a pena consultar o médico, pois um tratamento pode dar ótimos resultados.

7. ENCARREGUE alguém de fazer o que você não gosta de fazer ou o que não sabe fazer bem, se for possível. Não se deve ter como meta a independência, e sim uma *boa interdependência.* Você faz para mim e eu faço para você. Isso é que torna a vida possível. Ninguém faz tudo para si mesmo. Aprender a ser interdependente é importante na vida de crianças e adultos.
8. DESACELERE. As oportunidades e obrigações excessivas da vida moderna nos levam a uma impaciência interna. Acordamos impacientes. Nosso repouso raramente é suficientemente relaxante, vivemos impacientes até mesmo quando não há motivo. No trânsito, ficamos aflitos para o sinal abrir mesmo estando adiantados para um compromisso. Rangemos os dentes quando alguém fala devagar. Detestamos quando o garçom não traz a comida depressa, mesmo que a intenção do encontro seja passar um tempo na companhia de alguém. O celular é ligado assim que o avião pousa no chão, e o notebook está pronto para ser usado assim que uma reunião fica monótona. Quando conversamos com alguém, mesmo sem ter pressa, imaginamos rapidamente quanto tempo teremos para essa conversa. O tempo para qualquer coisa se torna cada dia

mais curto, à medida que aceitamos fazer mais coisas. Cada vez menos sabemos ficar à toa. Mas é quando estamos à toa que pensamos e nos relacionamos melhor.

Li em algum lugar que quem inventasse uma forma do computador pessoal desligar rapidamente, em vez de levar os vinte segundos que leva hoje, ganharia uma fortuna. Aparentemente, esses vinte segundos de espera deixam as pessoas loucas, e quem resolvesse isso ficaria milionário.

Os aparelhos que economizam trabalho, como o computador pessoal, não deviam nos deixar com mais tempo livre? Lembram da máquina de datilografia, do telefone de disco e das cartas escritas a mão? Mas, por estranho que pareça, não temos mais tempo livre, temos menos. Segundo uma pesquisa, o americano médio trabalha atualmente 160 horas a mais por ano do que trabalhava em 1960. Corresponde a um mês adicional de quarenta horas de trabalho por semana. Mas a própria semana de trabalho de quarenta horas se tornou uma lenda, um regime para preguiçosos.

À medida que a competição global aumenta e nós tememos que a China e a Índia tomem nossos empregos, os empregadores pedem que seus funcionários trabalhem um número maior de horas, mesmo quando reduzem as equipes de apoio, para que as metas trimestrais possam ser alcançadas, pelo menos por enquanto.

Se quisermos ser mais felizes, e preservar nossa posição no mundo, temos de pensar mais e sentir com mais profundidade, sem tentar nos ocupar cada vez mais.

Portanto, desacelere. Pare para pensar. Pergunte-se: "Qual é a minha pressa?" Leve a pergunta ao pé da letra. Qual *é* a sua pressa? É uma correria constante, você tenta fazer mais do que deve, nada sai tão bem-feito e tudo se torna menos agradável. Sua pressa, em outras palavras, é sua inimiga. A próxima pergunta é: "*Por que* essa pressa?" Sua resposta provavelmente será: "Porque preciso." Mas isso não é verdade. Se você olhar com cuidado a tabela do capítulo anterior, encontrará atividades que poderá cortar para ter algum tempo livre. Não preencha todo esse tempo com novas atividades, faça certas coisas com mais calma. Assim, conseguirá desacelerar um pouco. E se tornará mais eficiente, sentindo-se mais realizado.

9. Não faça multitarefas sem resultado. Dê atenção exclusiva a cada tarefa para fazer tudo melhor. Com o tempo, você ficará tão bom nisso que sua mente consciente poderá atender a outros aspectos mais importantes da tarefa. Um bom exemplo é tocar uma música nova no piano. À medida que você pratica, a música entra no seu cérebro, utilizando os neurônios do cerebelo para poder tocar de forma cada vez mais automática. Você não precisa mais focalizar cada nota, deixa os dedos correrem pelo teclado por conta própria. Você — seu consciente — poderá se concentrar na expressão, modulação e todos os aspectos mais sofisticados da música. Essa é de fato a única forma do ser humano fazer multitarefas com bom resultado — praticar uma ação tão detalhadamente que ela se torna automática, liberando os neurônios para atender a outros aspectos mais importantes da tarefa.
10. Brinque. Pela minha definição, brincar significa usar sua imaginação naquilo que está fazendo — o que naturalmente revela a melhor parte da sua mente. Seu tempo não será desperdiçado. Você poderá melhorar qualquer coisa que esteja fazendo e descobrirá novas formas de fazer ou melhorar coisas rotineiras. Não irá se distrair com tanta facilidade. Será mais eficaz e mais efetivo em tudo que fizer, desde manter uma conversa até fazer um bolo.

Recapitulando os dez princípios:

1. Descubra e faça as coisas que mais lhe interessam. Não desvie sua atenção. Cultive seus lírios e se livre das sanguessugas.
2. Crie um ambiente emocional positivo. A melhor forma de fazer isso é desenvolver relações positivas com os outros.
3. Encontre seu ritmo. O melhor modo de conseguir isso é gerenciar bem seu tempo e organizar seu dia. Vá se ajustando até chegar lá. Encontrado seu ritmo, a vida será muito menos cansativa.
4. Preste bastante atenção em como usa seu tempo.
5. Não desperdice tempo lambendo tela.
6. Reduza o gemmelsmerch onde quer que vá.
7. Encarregue alguém de fazer o que você não faz bem. Torne-se interdependente.
8. Desacelere. Pare para pensar.
9. Não ultrapasse seus limites. Aprenda o que significa uma multitarefa eficiente.
10. Brinque.

Outro conjunto útil de princípios que de certa forma coincide com os dez princípios acima é fácil de lembrar, pois todos começam com a letra *C*. Como é o estado-C que buscamos, considere esses *C*s:

1. Conecte-se. Conectando-se ou relacionando-se com pessoas e projetos que lhe interessam, você cria um ambiente emocional em casa, no trabalho, e aonde quer que vá. Relacionar-se com os outros é também a melhor forma de reduzir a preocupação. Você pode se preocupar, mas nunca sozinho.
2. Controle. Controle sua tecnologia — celular, e-mail e outros —; não se deixe controlar por ela. Desenvolva um sistema que

funcione para você — quando pode receber ligações, como priorizar os e-mails importantes e assim por diante.

3. Cancele. As pessoas — e organizações — aumentam suas atividades, mas raramente reduzem. Pode parecer difícil a princípio, mas, se você começar a cancelar o que realmente não lhe interessa, ficará surpreso ao ver que se sentirá melhor e terá muito mais energia. Tente pensar em pelo menos uma atividade, reunião ou evento que pode cancelar agora mesmo. Melhore sua vida.
4. Crie. Crie estruturas e sistemas de vida que o ajudem a se organizar — um novo sistema de arquivo, um assistente pessoal que trabalhe cinco horas por semana para resolver seus problemas ou uma parte da noite reservada unicamente para estar com sua esposa ou seu marido ou para praticar uma atividade física.
5. Cuide-se. Selecione o que mais gosta de fazer. Não há tempo para tudo, então é preciso priorizar. Se não fizer isso conscientemente, fará em termos inconscientes, simplesmente porque aquilo que gosta de fazer levará mais tempo do que o dedicado a cada item da sua lista.
6. Cultive. Cultive seus lírios e descarte as sanguessugas. Para tanto, deverá fazer o que o pessoal dos Alcoólicos Anônimos chama de "relatório sem medo", mas nesse caso não será um relatório de si próprio, mas da sua vida. O que você mais quer fazer? O que menos quer fazer? Descubra e faça.

29

Aprimore sua capacidade de concentração

A atenção é tão complexa quanto o tempo, influenciada por muitas coisas, mas é muito mais fácil de mudar. Longe de ser um estado de liga/desliga, em um dia comum, sua atenção passa por muitas fases, como ocorre com o branco passando para o preto. Mas, com esforço, na maioria das vezes você pode aprender a se concentrar no que deseja.

A genética influencia a atenção, e essa parte você não pode controlar. Mas pode influenciar, se não controlar, a maioria dos outros fatores. A seguir, alguns passos para ajudá-lo a aprimorar sua capacidade de concentração:

- Durma o tempo necessário. Dormimos o tempo necessário quando acordamos sem a ajuda do despertador. A maioria dos adultos deve dormir por volta de oito horas. Vivemos em um mundo privado do sono.
- Cuide da sua alimentação. Não precisa eliminar, basta controlar os carboidratos! Tente comer balanceando carboidratos, proteína e gordura, para sua insulina não subir e descer o dia todo, fazendo com que o açúcar do sangue — o combustível do cérebro — também

suba e desça o dia todo, por sua vez fazendo com que a capacidade de concentração do cérebro suba e desça o dia todo.

- Faça exercícios. Quantas vezes já lhe disseram isso? Você é um daqueles que diz: "Toda vez que sinto vontade de fazer exercício, espero a vontade passar"? Dê mais uma chance aos exercícios. Faça a atividade que preferir, talvez com alguém. Exercício físico regular é bom sob todos os aspectos. É especialmente bom para o cérebro, melhora a atenção e o humor e reduz a ansiedade e a preocupação. Você também pode fazer um rápido exercício físico para voltar à atenção se estiver começando a divagar. Por exemplo, se estiver sentado em frente ao computador e ficar cada vez menos concentrado, não fique lambendo tela. Levante-se e faça 25 exercícios ritmados com braços e pernas. É como se estivesse apertando um botão para reiniciar o seu cérebro. Funciona muito bem.
- Reduza o gemmelsmerch, ou o "quociente de desvio de atenção" do seu ambiente. O que leva ao gemmelsmerch varia de pessoa para pessoa. Tente detectar os fatores que o influenciam, e elimine ou reduza-os. Por exemplo, se a porta aberta causar interrupções no seu trabalho, feche-a e ponha um aviso dizendo: Trabalhando. Disponível às três horas, ou algo parecido. Às vezes uma planta muda o ambiente de tal forma que você passa a se concentrar melhor no trabalho. Música ajuda muita gente e atrapalha outras. Saber quanto tempo vai ser reservado para uma certa tarefa ajuda a concentração. Prazos podem reduzir a distração, mas cuidado para não usar isso com freqüência. Você está usando essen-

cialmente adrenalina, o remédio natural, para ajudá-lo a se concentrar no último minuto.

- ORGANIZE-SE APENAS O SUFICIENTE. Mantenha seu ambiente organizado o suficiente para que a desorganização não o distraia. Isso não significa que terá de viver arrumando tudo à sua volta. O sinal de perigo é quando você chega no escritório e fica perturbado com o que vê. Os papéis empilhados ou jogados por todo lado, o embrulho que devia ter sido levado para casa na semana anterior e o quadro pendurado torto na parede o deixam mal-humorado. E com dificuldade de se concentrar de forma construtiva. Leve a organização a sério para que a desorganização não se torne um problema. É como cuidar dos dentes: escove os dentes o suficiente para evitar problemas de canal.
- FAÇA O QUE QUER FAZER, o máximo possível. A motivação ajuda a concentração. Fazer bem uma tarefa aumenta a motivação porque faz parte da natureza humana gostar mais de fazer o que faz bem. (Funciona ao contrário também. Tendemos a evitar aquilo que não fazemos bem.) A progressão lógica é a seguinte: 1) Faça o que lhe interessa. 2) Estando interessado, vai querer fazer isso com freqüência. 3) Fazendo com freqüência, vai fazer cada vez melhor. 4) Fazendo melhor, vai ficar com vontade de fazer mais e melhorar sempre. 5) Estando motivado, vai aumentar sua capacidade de concentração.
- VARIE SUAS ATIVIDADES PROFISSIONAIS. Se você fizer o mesmo trabalho várias vezes, ainda que goste do que faz, mais cedo ou mais tarde irá se cansar e começará a perder a atenção e divagar. Tente organizar seu trabalho para que a variedade dê sabor à sua vida. Eu tenho essencial-

mente três profissões: escritor, palestrante e psiquiatra. Se trabalhasse em alguma delas em expediente inteiro, me cansaria. Mas, dividindo o tempo igualmente entre as três, raramente me canso do que faço.

- Varie as tarefas individuais. Assim como a variedade ajuda a nível macro, ajuda também a nível micro. Por exemplo, tente não se manter em uma situação mental por muito tempo. Leia um pouco, depois escreva e a seguir converse. Passe do trabalho baseado em números para um trabalho de palavras. Passe de uma reunião com uma pessoa agressiva e agitada para outra com alguém reflexivo e calmo. É claro que não pode controlar tudo isso, porém, quanto mais variar a situação mental em que se encontra, maior a probabilidade de manter-se jovem.
- Tenha um momento humano (veja o capítulo 16 para definição) algumas vezes por dia, se possível. Falar com um ser humano ajuda a limpar as teias do espírito. Mas tenha certeza de que gosta da pessoa com quem tem o momento humano.
- Não espere que sua atenção dure para sempre. Algumas pessoas lidam com o cérebro como se ele tivesse uma capacidade infinita de manter atenção. Quando a atenção começa a falhar, acham que uma xícara de café ou simplesmente mais esforço resolverá o problema. Não é bem assim. Será muito melhor se você reabastecer sua atenção regularmente, usando algumas dessas técnicas ou outras que você mesmo poderá criar.
- Use a parte frontal do cérebro. Se você estiver preso em um ponto emocional negativo e esse estado nega-

tivo estiver desviando sua atenção, como as emoções negativas sempre fazem, tente enganar seu sistema usando a parte frontal do cérebro. O sistema límbico é seu regulador emocional. A parte central do cérebro é o centro do pensamento mais elevado — como planejamento, escolha e cogitação. O sistema límbico em geral domina, mas você pode enganá-lo usando a parte frontal do cérebro para uma tarefa simples, como escrever um documento de conteúdo pouco complexo. Seu sistema límbico provavelmente lhe permitirá fazer isso. Então, quando usar a parte frontal do cérebro, tomará de volta os neurônios que o sistema límbico pegou para si durante uma emoção negativa. Quando resgatar esses neurônios, poderá desenvolver um pensamento mais complexo sem interferência do sistema límbico. Você terá dominado seu mau humor. É o mesmo que desviar a atenção de uma criança manhosa para um jogo ou uma guloseima. Em pouco tempo, ela esquece por que estava fazendo manha e passa a prestar atenção a atividades mais proveitosas.

- Evite o consumo excessivo de álcool.
- Afaste-se completamente de outras drogas que viciam.
- Tome suplementos de ácidos graxos ômega-3. Talvez esses suplementos, encontrados no óleo de peixe, melhorem a atenção. No mínimo, são ótimos para a saúde. O mesmo ocorre com o complexo de vitamina B.
- Estimule alegria e risadas. Faça tudo que puder para criar uma atmosfera emocional positiva ao seu redor.
- Tente fazer exercícios mentais para melhorar a atenção (veja exemplos a seguir).

Teste e treine sua atenção

Trabalhando com DDA, aprendi vários testes de atenção. Um dos melhores é simplesmente perguntar, "Você tem dificuldade de concentração?" ou "A perda do foco mental impede que você atinja seus objetivos?". Perguntas simples e diretas, que são o melhor e mais antigo "teste" de toda a medicina — ou seja, o histórico do paciente — revelam mais que qualquer outro teste.

Mas o histórico pode ser falho, pois as pessoas não se observam com cuidado. Em geral não sabem quando saem do ar. Não têm consciência de quanto perdem nesse meio tempo porque não notam que estão perdendo. Portanto, é importante fazer outros testes de atenção para chegar a uma avaliação clara.

Mas esses testes também são falhos, pois uma das melhores formas de levar a pessoa a prestar atenção é colocá-la em uma situação altamente estruturada, cheia de novidades e estímulos, para que ela se sinta motivada a funcionar bem. O bom professor, gerente ou instrutor sabe isso instintivamente. Havendo excesso de estrutura, a classe fica entediada. Havendo excesso de novidade, a classe fica confusa. Então o bom professor deve equilibrar esses dois fatores. A motivação ocorre naturalmente quando o aluno começa a dominar o assunto. Nós preferimos fazer o que fazemos bem, e tentamos evitar o que não fazemos bem. Por isso o domínio de conhecimento é um grande motivador, e a frustração um desmotivador.

Os testes de atenção que os profissionais fazem com seus pacientes são altamente estruturados. São feitos individualmente, entre o profissional e o paciente, e as perguntas são formuladas e respondidas verbalmente. Esse é o máximo de estrutura.

Os testes também apresentam novidades — quebra-cabeças, jogos, labirintos, seqüências difíceis de seguir, luzes piscando, e assim por diante.

Quem faz o teste está motivado, quer fazer um bom teste.

Para reconhecer as limitações de testar a atenção, ofereço o seguinte teste. Pegue uma caneta ou um lápis. O objetivo é tocar com a ponta da caneta ou do lápis (use a ponta que não escreve se não quiser deixar marca) em cada número de 1 a 25, em ordem crescente, apresentados nas cinco grades das páginas seguintes. Controle seu tempo. Será necessário um relógio com ponteiro de segundo.

Faça o primeiro teste o mais rápido que puder. Quando terminar, vire a página e tente de novo com um novo grupo de números. Seu tempo deve melhorar. Tente uma terceira vez. O tempo pode melhorar ainda mais. Você verá, à medida que prossegue, que é possível exercitar sua atenção como exercita os músculos.

Quando tiver usado as cinco grades, você poderá facilmente criar outras por conta própria. Poderá usá-las mais tarde como "ginástica de atenção" para se concentrar no início do dia ou simplesmente como um lembrete mental.

Essas grades foram desenvolvidas por especialistas em treinamento físico na Rússia, país com grande tradição de enfatizar as contribuições mentais para o bem-estar físico.

Esses exercícios, e os da próxima seção, estão baseados em jogos que me foram cedidos por Simon Zaltsman, um instrutor com quem trabalho desde 2004. Simon foi criado na Rússia, onde se tornou um atleta de classe mundial, depois emigrou para os Estados Unidos já adulto. Como instrutor, diz que nossos limites mais significativos são os limites mentais que impomos a nós mesmos. Quando digo que não posso fazer certo exercício, ele sorri e diz com seu sotaque russo: "Faça. Você pode. Vai ver como pode." Quando tento novamente, sempre acabo conseguindo fazer o exercício.

Simon enfatiza o treinamento mental como parte de um regime físico que impõe aos seus alunos. Em geral, no final de uma série de exercícios cansativos, ele acrescenta inesperadamente umas dez repetições, quando já estou sem ar e louco para descansar. Frustrado, pergunto por que tenho de fazer ainda mais, e ele responde: "Você nunca sabe quando vai ter de apelar para sua reserva de emergência. Deve estar pronto quando precisar. Então precisa treinar para criar uma energia extra e poder superar o inesperado."

O treinamento mental deve fazer parte da vida de todo mundo.

Simon é um verdadeiro armário. Seu peito é largo como a Grande Muralha da China. Com mais de sessenta anos de idade, esse homem — que sobreviveu a um acidente de carro quase fatal "porque estava preparado" — tem o coração mole apesar do aspecto de durão. Ensina crianças a nadar, instrui adultos a se cuidar, e acima de tudo ensina a todos os seus alunos que eles podem dar mais do que acreditam se tentarem com vontade.

Grade 1				
9	11	1	19	25
6	10	7	14	2
22	4	13	23	12
5	15	18	8	16
17	20	3	24	21

TEMPO__________

Grade 2				
1	19	7	12	24
16	2	10	18	3
15	9	21	25	8
5	13	23	6	11
14	17	20	4	22
				TEMPO________

Grade 3				
5	17	20	1	8
7	19	24	2	23
6	13	4	12	21
14	22	3	15	18
25	9	11	16	10

TEMPO________________

Grade 4				
22	12	9	15	24
1	25	19	2	11
21	16	20	7	18
4	23	14	6	10
8	13	5	17	3

TEMPO ______________

Grade 5				
2	17	6	24	9
20	11	3	14	21
22	7	19	4	23
1	5	25	12	8
10	13	15	16	18
				TEMPO______

Exercícios adicionais para o cérebro que melhoram o foco e a concentração

Exercitando o cérebro, ele se mantém jovem e em boa forma, como acontece com o corpo. Muitos estudos mostraram que o que se aplica aos músculos também se aplica ao cérebro. Se não forem usados, se perdem.

É claro que você não deve exagerar, como não deve exagerar nos exercícios físicos, ou acabará com esgotamento mental ou físico. Mas, como princípio geral de higiene mental, exercitar o cérebro diariamente é um excelente método para deter o desgaste mental do envelhecimento.

O exercício mental pode ser bem específico. Assim como o exercício físico pode priorizar grupos específicos de músculos, o exercício mental pode ter como objetivo atividades mentais. Os exercícios seguintes foram criados para melhorar a atenção e a capacidade de organização.

Esses exercícios dão trabalho. Não se surpreenda se ficar irritado ou frustrado, e não complete tudo da primeira vez. Mas, como diz Simon, você é capaz! Não desista!

Os exercícios estimulam especialmente o cerebelo, região posterior do cérebro que regula o equilíbrio e o movimento coordenado, mas que também é bastante conectada à parte do cérebro responsável pelo planejamento, prioridades e concentração. Essa rota indireta, via cerebelo, parece ter um efeito especialmente benéfico, como se criasse uma nova rede ou fortalecesse a antiga.

Se você tentar alguns desses exercícios uma vez por dia, logo descobrirá que sua atenção está sendo ampliada e sua capacidade de se manter em uma tarefa está aumentando. A qualidade do seu foco também estará melhor.

Os seguintes exercícios para o cérebro ajudam a focar a atenção e a facilitar a concentração em tarefas múltiplas. Todos os movimentos são feitos sentados em uma mesa.

a) Coloque uma folha de papel em branco à sua direita e outra à sua esquerda e segure um lápis em cada mão. Desenhe ao mesmo tempo uma linha vertical na folha direita e um círculo na folha esquerda. Repita os desenhos de três a cinco vezes, alternando as figuras de um papel para o outro.
b) Desenhe um triângulo com uma das mãos e um quadrado com a outra.
c) Desenhe um círculo com uma das mãos e um triângulo com a outra.
d) Desenhe dois círculos com uma das mãos e um quadrado com a outra.
e) Desenhe dois quadrados com uma das mãos e um triângulo com a outra.
f) Desenhe um triângulo com uma das mãos e um quadrado com a outra, enquanto risca um círculo no chão com a perna do mesmo lado que a outra mão.
g) Desenhe um círculo com uma das mãos e um triângulo com a outra, enquanto risca um quadrado no chão com uma perna.
h) Desenhe um triângulo com uma das mãos e dois quadrados com a outra, enquanto risca um círculo no chão com uma perna.
i) Desenhe um triângulo com uma das mãos, um quadrado com a outra, um círculo no chão e — além disso — balance a cabeça duas vezes para frente e para trás.

j) Desenhe um triângulo com uma das mãos, um quadrado com a outra, uma linha vertical com a perna do mesmo lado da primeira mão e uma linha horizontal com a outra perna.

São extremamente difíceis, não é? Mas não se desespere. Tenha em mente as palavras de Simon, "Você pode fazer", que ele sempre me diz quando vê que estou a ponto de desistir. Ele sabe o que está dizendo.

Faça quantos exercícios puder durante dez a 15 minutos. Exatamente como na ginástica, a chave é a persistência. Aos poucos você verá os resultados. Sua atenção ficará melhor, assim como sua capacidade organizacional e de controle de seus impulsos. Talvez sinta também uma grande melhora na sua coordenação física.

A próxima série de exercícios também melhora a concentração, provavelmente através do estímulo do cerebelo, que por sua vez se conecta com a parte frontal do cérebro, o centro da concentração.

Os próximos movimentos são feitos em posição sentada, cotovelos apoiados na mesa, braços em ângulo reto com a superfície de mesa.

a) Na contagem de "um", a mão direita fecha com força e a esquerda vira para a direita em ângulo reto com o braço. Na contagem "dois", a posição das mãos muda: a esquerda fecha com força e a direita se mantém aberta (ao lado da esquerda). A velocidade da contagem aumenta aos poucos. Clareza de movimentos é a principal condição para a execução de um exercício correto.

b) As mãos se mantêm fechadas, os polegares ficam esticados e posicionados um contra o outro e giram em direções opostas.
c) As mãos se mantêm fechadas, com os polegares esticados um contra o outro. O polegar de uma das mãos traça um círculo, e o da outra mão traça um triângulo.
d) Gire a mão direita, com o indicador e o anelar da mão esquerda descendo, e o polegar, o dedo médio e o mínimo subindo. Em cada contagem, é feita uma rotação da mão e a posição dos dedos varia (para baixo — para cima).
e) As mãos giram em direções opostas.

Cada exercício é repetido de cinco a sete vezes, depois a posição da mão muda. É possível incluir essa seqüência como um elemento de rotina diária de exercício físico.

30

Combine trabalho com brincadeira

Como induzir sua mente a cantar em vez de fazer barulhos irritantes com todos os projetos, solicitações e detalhes com que lida todo dia? Como se manter acima disso tudo em vez de se deixar soterrar, ou pelo menos se sentir soterrado? Como lidar com a culpa de não fazer tudo e manter seu entusiasmo com o que realmente quer fazer? Como trabalhar contra o caos do estado-F e se esforçar para chegar ao estado-C? Para fazer tudo isso, você deve poder imaginar os perigos lá de fora e criar métodos para se proteger deles.

Quando crianças, aprendíamos a evitar vários riscos do mundo, mas naquela época os perigos que descrevo neste livro não existiam. Lamber tela, gigaculpa e megapolvo ainda não tinham a força que têm no século XXI. Hoje, as maiores ameaças a uma vida produtiva e alegre não vêm de ladrões e bandidos comuns nem mesmo de terroristas, mas de ladrões, bandidos e terroristas diferentes, que roubam nossa atenção, tempo e energia mental e nos aterrorizam quando tentamos encontrar o ritmo certo da nossa vida. Se existisse um sistema de alerta com código em cores contra esses terroristas, viveríamos todo o tempo em alerta vermelho de nível máximo. Esses ladrões nunca dormem.

Você pode criar seu próprio sistema de segurança para proteger a si mesmo e a sua família, seu escritório e até mesmo sua cidade se outras pessoas participarem. A chave para esse sistema é a forma como você usa sua mente e como permite que ela se conecte com os outros. Pense na sua mente como um instrumento altamente sofisticado, um instrumento que você levou anos para aprender a usar. Ele tem um potencial que você nunca descobrirá, e pode criar mais maravilhas do que imagina. Você toca esse instrumento diariamente, e, quando se solta, descobre uma nova forma de usá-lo, ou ele o leva a criar algo novo para você e para o mundo.

Agora pergunte-se: você está tocando esse instrumento da melhor forma possível? Um neurocirurgião não seria contratado para limpar banheiros, mas é isso que muitas pessoas fazem com sua mente todo dia. Usam a parte mais desenvolvida da mente para fazer tarefas banais. Para falar com mais exatidão, desperdiçam a parte do cérebro que poderia se tornar um trunfo para fazer tarefas que não exigem muito esforço mental.

Um maestro tampouco seria contratado para tocar "Parabéns pra você", mas é o que muitas pessoas fazem todo dia com sua mente. Mais exatamente, não permitem que a parte da mente que quer aprender a tocar músicas bonitas e complexas tenha tempo para ensaiar. Pedem que toque "Parabéns pra você" a toda hora ou que largue o piano e vá limpar banheiros.

A grande ironia desse mundo é que muito mais gente hoje tem oportunidade de desenvolver a mente de formas extraordinárias, mas desperdiça a chance se mantendo ocupada em vez de pensar com mais profundidade. Como se pensa com profundidade? Dando um tempo para brincar com a cabeça e brincando com seriedade.

O que é um grande trabalho se não uma forma de brincar que alguém se dispõe a pagar para que você faça? Brincando estamos em um estado de espírito que nos permite criar novas idéias, melhorar as antigas, e em geral produzir nosso melhor trabalho. A brincadeira produz o trabalho criativo. O trabalho duro pode produzir uma grande brincadeira. Resumindo: trabalhar e brincar são inseparáveis, um apóia o outro.

A definição comum de trabalho é a atividade mental ou física que não gostamos de fazer, e a definição comum da brincadeira é a atividade mental ou física que gostamos de fazer. Porém, uma definição melhor de trabalho seria atividade mental ou física que produz algo ou presta algum serviço valioso para outros. E uma melhor definição para brincadeira é atividade mental ou física que dá prazer a quem faz. Em suma, os dois são um só. Se levarmos a brincadeira a sério, podemos integrá-la ao nosso trabalho, fazendo bem ao nosso cérebro e à nossa vida.

Quando falo em brincadeira, não me refiro a ficar deitado na praia, montar quebra-cabeça ou alguma outra coisa que se faz para descansar. Refiro-me à atividade na qual o cérebro se ilumina, qualquer atividade em que a gente se comprometa de forma tão imaginativa que perde a autoconscientização e só pensa na tarefa que está fazendo. É o estado que o escritor irlandês Yeats tinha em mente quando escreveu: "Ó corpo dominado pela música / Ó olhar abrilhantado, / Como se pode distinguir a dançarina da dança?"

É claro que dia após dia surgem um milhão de tarefas que não nos atraem a ponto de perdermos a autoconscientização — como lavar roupa, responder os e-mails sem novidades ou levar o carro ao mecânico —, mas deve ser nossa meta diária passar pelo menos algum tempo nesse estado que chamo de brincadeira.

Além do mais, quando estamos no ritmo certo, as tarefas rotineiras são feitas sem nos preocuparmos com elas, pois a parte pensante do cérebro está brincando com alguma idéia enquanto cuidamos da tarefa do dia-a-dia.

Ou melhor, brincadeira é aquilo que estamos fazendo quando dizemos a nós mesmos: "É isso, é isso que quero fazer" ou "Consegui, agora estou realmente tendo sucesso". É aquilo que estamos fazendo quando esquecemos que estamos fazendo.

Quando terminamos da fazer, nos sentimos cansados, mas é um bom cansaço, como depois de um exercício físico.

A mente *não consegue* brincar o dia inteiro. Simplesmente não conseguimos manter esse nível de foco durante oito horas. Então é preciso variar a rotina. Temos de arranjar tempo para tarefas chatas, mas também para uma brincadeira ininterrupta. Quando encontramos a melhor hora para fazer cada tarefa, entramos no ritmo certo para o dia, a semana, o mês, a temporada.

Nas gerações anteriores, podíamos começar o dia como uma mula arando os campos. Arávamos até a hora do almoço, fazíamos uma pausa, depois terminávamos o dia arando mais.

Hoje é mais difícil fazer isso, pois nossas habilidades intelectuais são, mais que nunca, cobradas. Precisamos nos organizar e atender a mais informações em um dia do que era possível antes em mais tempo. Como se agora a mula precisasse correr, e nenhuma mula pode correr durante muito tempo.

Eu já vi gente tentando fazer isso. Alguns encontram seu ritmo naturalmente e se saem muito bem, mas outros começam a se encher de tarefas por volta das onze da manhã. Ultrapassam os limites. Ficam menos eficientes e menos criativos. Encaminham-se para o estado-F. Por volta das duas da tarde, estão bocejando, cansados e irritados. Perderam completamente seu brilho. Tornaram-se mulas cansadas, e não conseguem fazer muito mais.

Essas pessoas precisam planejar como usar o cérebro ao longo do dia. Precisam encontrar tempo para brincar sem interrupção, tempo para tarefas chatas, tempo para reuniões, tempo para estar com os amigos e tempo para pausas — para comer, meditar e fazer um pouco de exercício. Planejando e experimentando, chegarão ao ritmo certo.

31

Como um homem ajuda seu povo a pensar

Vou dar o exemplo de um ótimo plano para estimular brincadeira e pensamentos, evitando o estado-F e favorecendo o estado-C. Este exemplo vem do mundo empresarial, uma área que normalmente associamos ao estado-F, nunca a brincadeiras. Como estamos errados! O trabalho empresarial pode estar associado à brincadeira. Pode desenvolver um pensamento profundo e imaginativo sobre coisas que ninguém nunca pensou antes. As pessoas e empresas que conseguem fazer isso são as que enriquecem.

Um desses homens é Antônio Gomes, sócio da Irmãos Gomes Investimentos, ou IGI (os nomes são fictícios em respeito à privacidade, mas o fato é verídico). Antônio leu meu artigo intitulado "Circuitos sobrecarregados: por que pessoas inteligentes têm baixo desempenho", no qual descrevo o mal que pode ser causado pelo distúrbio de déficit de atenção, ou o que neste livro chamo de estado-F. Antônio ficou tão impressionado com o artigo que me enviou o seguinte e-mail:

> *Você captou e tornou compreensível uma enorme luta que enfrentamos todo dia no nosso mundo repleto de informações e estímulos: como manter a mente clara o suficiente para realmente* PENSAR, *não apenas reagir defensivamente. Para*

mim, esse talvez seja nosso maior desafio, embora nossos jovens pareçam pouco conscientes do problema.

Ao receber esse e-mail, perguntei a Antônio se podíamos conversar pessoalmente, e ele aceitou o convite.

Como não sou empresário — poucos psiquiatras são —, não me senti à vontade conversando com um mestre no campo de investimento, responsável pela supervisão diária de bilhões de dólares. Mas ele logo me informou que minhas idéias eram extremamente úteis para o seu mundo e o mundo de negócios em geral.

Disse que o mundo empresarial era cheio de traços de déficit de atenção, ou estado-F. "Todos vivem tão ocupados", disse, usando uma palavra que me fez sorrir, "que não pensam muito além da próxima reunião ou dos próximos prazos. É pior que uma miopia. Estão todos frenéticos (outra palavra que me fez sorrir), defensivos, e deixam as melhores idéias em casa. Como não imaginam que os chefes querem que eles pensem, não pensam. Aliás, estão ocupados demais para isso. E os chefes também não pensam, pois estão tentando criar o próximo conjunto de números. Estamos caminhando para um desastre se não utilizarmos as partes mais profundas da nossa mente. Hoje todos vivem correndo e reagem apenas às últimas notícias. Ninguém ousa fazer qualquer outra coisa." Pelas suas palavras eu vi a pressa, a enxurrada, a preocupação e o palavrório — uma palavra que o próprio Antônio usaria.

Os heróis de Antônio no mundo empresarial eram os americanos Warren Buffett e Edward Lampert (aquele que percebeu o valor da Sears, que ninguém mais percebeu, e que mais tarde assumiu a Kmart). "O que faz esses dois homens especiais", disse Antônio, "são a concentração e a profundidade da sua própria atividade mental. Eles evitam conscientemente distrações e excesso de estímulos. Buffet fica sentado na sua mesa, sem um computador. Lampert passa dias fora do escritório só para *pensar*".

Quando ele disse isso, me lembrei de meu filho com as roupas no chão, fazendo um varal. A mesma idéia. Situações diferentes, mas a mesma idéia. Pensando no que fazer com o que estava ali. Brincando.

Antônio Gomes continuou: "Estou interessado em saber como as pessoas passam seu tempo. Vou perguntar aos que trabalham para mim o que é realmente o trabalho deles. Tenho certeza, eles responderão que é fazer dinheiro para o cliente, ou alguma outra frase vazia e ensaiada. Estão sendo defensivos. Lampert não. Ele diz que seu trabalho é pensar. É preciso pensar com profundidade para desenvolver uma idéia radicalmente diferente, uma capacidade de fazer apostas radicalmente diferentes da maioria. Não poderemos ser influenciados por cada mínima informação que surge se conseguirmos seguir em direção oposta à multidão."

Antônio estava entusiasmado, falava depressa, inclinando o corpo: "Quando Eddie Lampert estava comprando a Sears, os investidores mais bem informados faziam o oposto. Mas ele conseguiu o que queria porque tinha pensado muito no assunto. E se livrou das influências existentes nesse negócio."

"Observo outros investidores", continuou, "é uma loucura aquilo, uma agitação disfarçada considerada normal". Pensei no estado-F e no medo que impede o pensamento claro. Antônio logo tocaria nesse assunto. "A maioria dos investidores está sempre pensando. Como posso fazer dinheiro *agora?* Devo atender esse telefonema ou ler esse e-mail? Esse telefonema ou e-mail talvez me dê boas dicas para compra de ações. Quase todos os investidores temem que, se perderem dinheiro, em um trimestre seus clientes desaparecerão. Acreditam que têm de fazer dinheiro *logo*, o que é uma bobagem. Warren Buffett não pensa nas suas ações diariamente. Nem se preocupa com isso.

"A maioria deles tem uma ansiedade à flor da pele, um medo constante. São eternamente reativos. Se você perguntar qual é a estratégia deles, virão com um palavrório que parece fazer sentido, mas que não leva a lugar algum. Pedimos que nossos funcionários largassem as telas de computador para terem mais tempo para pensar. Pensar não significa ficar olhando para as paredes, esperando que alguma idéia caia do céu. Significa analisar as cinco razões para defender uma certa posição, analisar as dúvidas restantes, e então procurar visões opostas."

Gostei da expressão *palavrório que parece fazer sentido*. Um dos maiores perigos da era da informática é que há tanta informação que qualquer um pode aceitar o palavrório que parece fazer sentido. Na verdade, muita gente cai na armadilha de acreditar em *qualquer* argumentação que contenha dados, estatísticas e descobertas de um estudo recente, e ignorar as argumentações que não contêm. Considerando a abundância de dados, estatísticas e estudos recentes, é fácil encontrar na internet alguns números que servem de apoio a quase qualquer coisa. No entanto, quem desenvolve uma idéia verdadeiramente inovadora talvez não tenha nenhum número em que apoiar sua argumentação. É claro que não sou contra apoiar uma argumentação em dados, estudei em escolas sofisticadas durante muitos anos e aprendi a fazer isso. Estou apenas mostrando que dados inúteis podem criar a ilusão de verdade, o que Antônio Gomes chama de "palavrório que parece fazer sentido". E a melhor das escolas que freqüentei me ensinou a mesma coisa.

Depois que conversamos, Antônio me pediu para dar uma palestra na sua empresa para seus funcionários. O primeiro palestrante seria Edward Lampert, com quem Antônio tem intimidade suficiente para chamar de Eddie. Fiquei entusiasmado com a possibilidade de me apresentar a uma platéia tão importante, mas também um pouco nervoso de falar depois de um brilhante estrategista de investimento. "Como vocês sabem, sou médico, psiquiatra, não pertenço ao mundo de vocês."

"É por isso que tem tanta coisa a nos ensinar", disse Antônio. "Suas idéias sobre atenção e pensamento e o que fazemos com nosso tempo são incrivelmente oportunas." Então concordei em ir, sabendo que eles tinham muito a me ensinar.

Subi no palco depois de Eddie Lampert. Estava muito quente, embora o ar-condicionado estivesse ligado. Quando faço palestras, fico animado, mexo os braços, caminho de um lado para o outro e acabo suando muito. Naquele dia minha camisa ficou ensopada. Foram apenas 25 minutos de palestra, seguidos de perguntas, mas plantei uma semente.

"Juntos fizemos uma pequena revolução", disse Antônio quando me ligou um mês depois. "Várias pessoas já estão colocando avisos na porta das salas dizendo: FAVOR NÃO INCOMODAR. Muitos estão saindo do escritório para dar uma volta e pensar com mais profundidade. Os viciados nas respostas rápidas da internet se acalmaram um pouco. Há debates ativos sobre como desenvolver um pensamento profundo e um sentimento profundo. Essa última parte me surpreendeu e me agradou, saber que levaram ao pé da letra a importância do sentimento profundo, não apenas do pensamento profundo."

Depois Antônio falou que sua empresa estava oferecendo aos seus 12 melhores gerentes uma licença remunerada de três dias. Eles poderiam ir a qualquer lugar do mundo que quisessem, mas teriam de viajar sozinhos. Quando voltassem, deveriam apresentar de três a cinco perguntas variadas para discussão. Podiam levar um laptop na viagem, para ser usado apenas para pesquisa, não para lamber tela. Podiam também fazer contato diário com a família quantas vezes quisessem. Podiam nadar, ir a sessões de massagem e tomar banhos terapêuticos — qualquer coisa que estimulasse o pensamento.

Quando voltassem, Antônio planejava se sentar com eles para estudar as perguntas. Esperava que fossem questões para reflexão, que não lhes viriam à cabeça durante o trabalho diário. "Sua observação de que as pessoas começam a girar na cadeira e a checar seus e-mails quando uma idéia se torna complicada ou difícil realmente me marcou. Queria dar a essas pessoas a chance de ir a algum lugar onde não girassem na cadeira."

Como não sou um homem de negócios, pedi que Antônio descrevesse o que queria dizer por perguntas variadas.

"Perguntas do tipo: Até que ponto a internet pode se tornar dominadora, e por quê? Qual seria a conseqüência se houvesse uma redução significativa do custo de vida? O que ocorreria se de repente começassem a construir dez novas usinas nucleares? E a cultura comunitária na periferia das cidades? Como ela afetaria os negócios? O que acontecerá se toda uma geração não souber mais escrever a mão?"

E continuou a citar perguntas. "O que *não* quero são perguntas como: Quantas Barbies a Mattell vai vender no próximo ano? Seria melhor perguntarem: Dentro de cinco anos as crianças ainda brincarão com bonecas e super-heróis?"

"A intenção da viagem", explicou Antônio, "é fazer com que meus funcionários aprendam a pensar com profundidade, apaixonem-se por isso e queiram tentar com mais freqüência. Quero que passem a recusar ação orientada e trabalho a curto prazo, e que aos poucos se interessem em ser mais originais e criativos do que são agora. Ninguém acredita muito nisso, mas é realmente o que quero que façam. É a única forma de fazerem o seu melhor e darem mais contribuições. O resto um robô pode fazer".

32

Sugestões mais específicas

Para desenvolver um sistema que funcione para você, considere as seguintes sugestões:

1. Qualquer que seja o sistema usado, deixe que se torne parte de sua rotina diária, se possível. Hábitos, rotinas e rituais permitem que você use a mente consciente em questões mais interessantes que lembrar de colocar o lixo na rua. Meros planos não criam um sistema. Planos muitas vezes são esquecidos ou ignorados. Planos que se tornam automáticos ou como reflexos viram um sistema. Neste livro apresentei os passos que você pode dar para desenvolver um *sistema*, tendo em vista quem você é e a vida que deseja levar, para que a vida possa se tornar automatizada sob certos aspectos, ou "rítmica", de várias formas possíveis, liberando o córtex cerebral para atividades importantes que só ele pode fazer.
2. Baseie seu sistema no conhecimento de si próprio. Qualquer sistema deve moldar-se à sua personalidade, suas contradições, suas esperanças e seus temores. Não dê ouvidos a especialistas ou consultores que dizem que só existe uma maneira de agir.
3. Acima de tudo, tenha em mente o que mais lhe interessa e faça isso.

4. Os dez princípios expostos no capítulo 28 são o núcleo do método que apresento neste livro. E também os seis Cês.
5. Faça trabalhos mais difíceis e importantes na parte da manhã, quando você está mais alerta. (Se o que chamo de "energia matinal" ocorrer à noite, faça o trabalho difícil à noite, é claro.)
6. Invista na comunicação e na relação com os outros. A razão mais importante de as pessoas se darem mal no trabalho ou nos relacionamentos é uma comunicação ruim. Fale dos seus problemas logo, não deixe para mais tarde. Não permita que o medo o paralise. O problema só ficará pior. Especialmente hoje em dia, quando a vida anda tão rápido, é essencial se comunicar bastante e com clareza.
7. Diga o que está pensando. Pense no que está dizendo. Não parta do princípio de que a pessoa sabe o que se passa na sua cabeça, é preciso falar. Peça sempre esclarecimentos quando não estiver entendendo alguma coisa. Se algo o estiver incomodando, fale logo. Preste atenção aos detalhes da comunicação: tom de voz, linguagem corporal, escolha das palavras, pausas. A boa comunicação exige atenção completa.
8. Ouça o que dizem as pessoas em quem você confia. Nossos maiores erros são óbvios para quem está à nossa volta. Se os ouvíssemos, ou pedíssemos sua opinião, evitaríamos muitos problemas.
9. Viva *sua* vida o máximo possível. Não tente agradar a todos e pensar em você por último. Se tiver dificuldade de fazer isso, peça que seus amigos íntimos o ajudem a pensar em si mesmo e não só nos outros.
10. Antes de se preocupar com os outros, considere quanto eles realmente sabem sobre você e quanto tempo dedicariam a outra pessoa que não eles mesmos.
11. Quando estiver trabalhando em um projeto, não junte informação eternamente. Existe tanta informação sobre qualquer

assunto que poderia fazer uma pesquisa para um artigo de dez mil palavras durante um ano sem conseguir saber todos os fatos, e metade do que descobriu se tornaria descartável até o final do ano. Obtenha o máximo possível de informações, e use sua imaginação para trabalhar esse material e transformá-lo em algo novo e produtivo. Se tiver informação demais, não poderá avaliar o que precisa e o que não precisa. Então, você e seu artigo serão engolidos pelas informações.

12. Não tente resolver problemas emocionais via e-mail. Use o e-mail para transmissão de dados, não para assuntos emocionais.
13. Não passe mais tempo do que deve com algo que não sabe fazer bem ou que não gosta de fazer.
14. Marque uma hora para desligar o computador quando for preciso, se você for viciado em lamber tela.
15. Tenha sempre à mão um bloco de notas ou um aparelho eletrônico para anotar ou gravar idéias que surgem de repente. Quando pensamos criativamente, os pensamentos aparecem a qualquer hora. As idéias são aperfeiçoadas durante longos períodos. Mas você deve estar pronto para captar uma nova idéia quando ela lhe vem à cabeça. Anote-a, ou ela será esquecida.
16. Deixe um espaço vazio na sua mesa. Esse espaço não apenas será útil como você se sentirá organizado, mesmo que não seja.
17. Subdivida tarefas grandes em tarefas pequenas. Dessa forma, até mesmo um trabalho enorme se tornará possível de ser feito com calma.
18. Reserve um bom tempo para fazer um bom trabalho, ou acabará agindo como os maus taxistas que ultrapassam sinais vermelhos porque não podem perder tempo.
19. Reserve uns minutos por dia só para pensar. Ou, melhor ainda, meia hora por dia. (Dessa forma poderá realmente pensar bem no trabalho.)

20. Crie limites no seu tempo em vez de atender a todas as solicitações. Assim conseguirá estabelecer seu ritmo.
21. Para documentos e e-mails, siga a regra de lidar com eles só uma vez: abra, jogue fora ou etiquete alguns e guarde em um fichário, não coloque nada em pilhas.
22. Compre várias cestas e latas de lixo e cortadores de papel.
23. Quando há pilhas de papel (e sempre há em todo escritório), pense nelas como se fossem cáries dentárias; se não forem cuidadas regularmente, causarão problemas.
24. Não queira ser perfeitamente organizado. Basta ter *organização suficiente* para que a desorganização não o impeça de atingir suas metas.
25. Não busque a perfeição. Perfeccionismo é um obstáculo, não uma ajuda.
26. Não tente fazer mais do que pode. Aprenda a dizer "Não, agora não".
27. Se for possível, livre-se de projetos emperrados, que não levam a nada e gastam tempo demais.
28. Peça ajuda. Por exemplo, se estiver com problemas de estabelecer prioridades ou de dizer não, peça ajuda ao seu gerente ou a um colega. Avise quando sentir que não está produzindo bem. Não pense que falar revela fraqueza, provavelmente é um problema do sistema e que poderá ser resolvido se você falar. Pense no seu carro. Quando uma luz vermelha começa a piscar, você não continua a andar até o carro enguiçar, certo? Deve fazer o mesmo com seu cérebro. Quando o sinal de advertência começa a piscar, não ignore e continue. Pare e peça ajuda.
29. Aprenda a delegar tarefas. Tenha como meta se tornar *efetivamente interdependente*, não independente.
30. Faça exercícios físicos regularmente. O exercício, além de fazer um bem enorme ao corpo, é uma das melhores coisas para a cabeça.

31. Tenha sempre cuidado com os seqüestradores do seu tempo, atenção e energia. Esses ladrões estão em todo lugar — na televisão, nas lanchonetes e nos esquemas para enriquecer depressa.
32. Não se preocupe sozinho. Sentir-se isolado é perigoso. Não deixe de manter contato com as pessoas em quem confia e de quem gosta.
33. Preserve e use o momento humano. A eletrônica é ótima para transmitir dados, mas em termos de emoção nada se compara com a conversa cara a cara.
34. Tente ser gentil. A grosseria é uma das conseqüências mais desagradáveis de viver ocupado demais. Fernando, professor de literatura italiana, escreveu um livro excelente chamado *Escolhendo a civilidade*, no qual enfatiza a importância de ser gentil. Na verdade, a grosseria é um sintoma de excesso de ocupação, de atribulação.
35. Medite. Há vários métodos de meditação, mas a maioria resume-se ao seguinte: sente-se quieto em uma cadeira confortável com os pés no chão. Feche os olhos. Respire fundo, levando todo o ar para a barriga. Concentre-se na respiração. Deixe seus pensamentos soltos, sem qualquer análise ou comentário. Para ajudar, imagine uma cena agradável ou ponha uma música relaxante de fundo. Diversos estudos provaram que a saúde se beneficia da meditação regular. A meditação também ajuda a criar um ritmo no seu dia.
36. Cuide de sua alimentação. O que você come afeta o funcionamento mental e a energia, é claro. Princípios gerais: faça uma dieta balanceada, rica em fibras, frutas e legumes, e pobre em carne vermelha e alimentos industrializados. Tome complexo vitamínico e um suplemento de ácido graxo com ômega-3.
37. Não deixe a vida atribulada e o estresse o levarem a entregar-se ao álcool ou outras substâncias. Duas taças de vinho tinto por

dia lhe farão muito bem. Mas, se passar disso com freqüência, deve tentar parar.

38. Se se sentir estressado e não souber o que fazer, consulte um psicoterapeuta. Talvez ache que vai perder tempo e dinheiro, mas se escolher um bom profissional verá que isso não é verdade. A melhor forma de encontrar um bom terapeuta é pedir informação a alguém que tenha boa experiência com esse tipo de tratamento ou pedir indicação ao seu médico.
39. Cuide-se. Use cinto de segurança. Não fume. Passe fio dental. Vá ao médico regularmente e tente seguir suas recomendações. Não deixe de cuidar de si mesmo porque está ocupado demais. Pode parecer óbvio, mas milhões de pessoas que trabalham excessivamente não se cuidam como devem. (Na próxima vez que você for a um aeroporto, note quanta gente gorda anda por ali.)
40. Quando sentir que está ficando esgotado — e a maioria das pessoas consegue pressentir isso, como pressentir um espirro — tente parar, sentar-se, fechar os olhos e respirar fundo algumas vezes. É claro que se estiver no trânsito ou no meio de uma reunião não poderá fazer isso. Mas pode tentar fazer mentalmente. Diga a si próprio: "Estou ficando esgotado. Não vou deixar essa sensação aumentar. Preciso diminuir meu ritmo. Não posso ultrapassar meu limite."
41. Faça uma pausa. Se perder o controle, se gritar com alguém sem razão, se der um ataque em um supermercado como se fosse uma criança de dois anos, *tudo bem*. Isso acontece nas melhores famílias. Não se culpe. Mas deve se perguntar por que isso aconteceu e identificar a origem: falta de sono, enorme preocupação com um assunto, más notícias recentes. Conhecendo a causa poderá tomar uma providência, mesmo que seja apenas conversar com alguém ou dormir bem uma noite inteira.

42. Lembre-se de duas simples palavras: *Não sei.* Nessa época de excesso de informações, muitas vezes você pode achar que deve saber mais do que sabe, e por isso finge que tem certos conhecimentos. Um grande erro. É melhor dizer apenas que não sabe.
43. Se tiver filhos, passe o máximo do tempo que puder com eles. A qualidade do tempo não substitui a quantidade de tempo, se a quantidade for meia hora por semana. Passar tempo com seus filhos é bom para eles e para você também. É um tempo que você nunca lamentará usar.
44. Preencha a avaliação do capítulo 27. Considere essa avaliação um guia para usar melhor seu tempo. (Acrescento essa observação aqui porque tenho certeza que muitos leitores não preencherão a tabela, e gostaria que reconsiderassem a idéia.)
45. Vá a um cemitério de vez em quando, não só em enterros. É uma forma de ter contato com a morte no seu próprio tempo. Se achar a sugestão muito mórbida, sente-se em um campo aberto e pense, passeie pela praia ou olhe as estrelas à noite. É bom aprender a não temer a morte na hora de morrer. Não vejo como se pode fazer isso sem uma preparação prévia.
46. Não morra sem ter tentado fazer o que mais gosta de fazer.
47. Viva a idéia de Rudyard Kipling, o grande autor, que nos aconselhava a "ver o triunfo e o desastre como dois impostores que devem ser tratados da mesma forma".
48. Não deixe a tecnologia substituir o pensamento. Por outro lado, não pense que não poderá usar a tecnologia recente porque não consegue entendê-la. *Peça ajuda.* Nosso futuro depende de nos tornarmos interdependentes.
49. Lembre que nossas melhores idéias não são planejadas. Esteja pronto para percebê-las quando surgem na sua cabeça.
50. Brinque. Ligue-se imaginativamente com a vida.

33

A dislexia e o DDA podem nos ensinar a administrar a vida moderna

Como a vida moderna lembra os mundos do DDA e da dislexia, esses dois problemas têm algo a dizer sobre a forma como vivemos hoje.

No DDA e na dislexia é difícil ler uma linha de cada vez, é difícil planejar tarefas de antemão, é difícil seguir um passo atrás do outro. Quem sofre de DDA e quem sofre de dislexia muitas vezes recorrem a formas novas e únicas para ler e para processar informações em geral. Quem tem dislexia pode ler um livro de cabeça para baixo. Quem tem DDA pode ler vários livros de uma vez, pulando de um para o outro, confundindo tudo, mas pensando todo o tempo de forma criativa e construtiva.

Dislexia se refere a vários hábitos estranhos e maravilhosos da mente. Ao contrário do que se crê, a dislexia envolve muito mais do que a simples troca das letras. As brincadeiras sobre os disléxicos sempre se referem a esse único sintoma.

Na verdade, as trocas de letras definem apenas uma pequena parte da dislexia, ou "dislexias", pois o problema varia de pessoa para pessoa. Em geral criativos, intuitivos e bem dotados verbalmente, os disléxicos têm sempre dificuldade de aprender a ler e a escrever em sua língua materna. Em geral são capazes de aprender, mas muitas vezes lutam no colégio e podem ser considerados alunos pouco inteligentes ou, no mínimo, limitados.

Considere o relato de um disléxico sobre os anos em que esteve numa rigorosa escola:

> *Eu simplesmente aceitava o que diziam de mim, que era um aluno esforçado, o que significava que era burro.*
>
> *Era um aluno tão fraco que precisei de cinco anos para passar no curso de língua estrangeira que se faz em três anos; no quinto ano — meu segundo ano "sênior" — estudava matemática III pela segunda vez (já tinha passado duas vezes pela matemática II). Era um aluno tão fraco que passei em latim I com a nota mais baixa e levei bomba em latim II; depois passei para espanhol, e mal sobrevivi...*
>
> *Não tive diagnóstico de deficiência de aprendizado nem de dislexia naquela época; achavam mesmo que eu era burro. Não passei no teste de ortografia e fui colocado em uma turma de recuperação, pois não conseguia aprender a escrever direito — e ainda não consigo — e me aconselharam a consultar um psiquiatra! Essa recomendação não fazia sentido para mim na época — nem faz agora —, mas eu desenvolvia senso de inferioridade tão grande que provavelmente acabaria precisando de um psiquiatra...*
>
> *Gostaria de ter sabido, quando estudava, que havia uma palavra para explicar minha dificuldade nos estudos; gostaria de ter dito aos meus amigos que eu era disléxico ou que tinha deficiência de aprendizado. Em vez disso, ficava quieto ou fazia piadas — com os amigos mais íntimos — sobre a minha burrice.*

Quem escreveu essas palavras foi John Irving, autor de vários best-sellers e romances aclamados pela crítica. Irving se achava burro, e só mais tarde, quando desenvolveu seus fantásticos dons literários, é que provou a si próprio e ao mundo como estava errado.

Se é trágico alunos como John Irving serem mal interpretados na escola — a maioria não supera isso tão bem quanto ele —, ao menos os disléxicos podem nos oferecer uma dica de comportamento para a vida moderna.

Isso porque nós disléxicos, assim como os que sofrem de DDA, sabemos como é viver arrasados. Desde os primeiros anos em que tentamos ler, nos sentimos perdidos com relação aos outros. Víamos outras crianças "chegarem lá" na aula de alfabetização, enquanto não conseguíamos fazer os sons das letras, manter os olhos na linha, seguir a seta na tela ou prestar atenção aos outros mecanismos visuais que a escola usava para nos ensinar a ler.

Mesmo assim queríamos muito aprender. Gostávamos do mundo das histórias, imagens e idéias. Queríamos entrar nesse mundo que as palavras abriam, mas não tínhamos a chave.

E acabávamos conseguindo. Hoje, felizmente, há métodos excelentes para tratar a dislexia. O melhor livro sobre o assunto é *Superando a dislexia*, de Sally Shaywitz. Mas não é o tratamento que nos interessa aqui. O que nos interessa é como os disléxicos, como eu mesmo, se viravam quando eram considerados burros, como lidavam com o sentimento de viver arrasados porque os outros aprendiam e eles não conseguiam aprender.

Seja dislexia, DDA ou, como no meu caso, ambos, conseguíamos chegar lá com muito esforço. Em geral, não tínhamos ajuda todo o tempo, pois poucas pessoas conheciam um sistema que funcionasse. Só diziam que tínhamos de nos esforçar ainda mais.

Deixados de lado, alguns de nós descobriam seus próprios caminhos — outros não. Lembro que eu sempre queria fazer as coisas a meu modo, pois ia a escolas que permitiam isso, e fazia bem. Não chegava à resposta da mesma forma que os outros, mas encontrava um caminho que funcionava para mim. Como me virava não sei. Mas não era isso que importava. O que importava é que conseguia chegar lá.

Vou fazer uma comparação com meu filho — que tem DDA — quando aprendeu a deslizar em uma prancha no verão de 2005. Seus tios e eu fomos passear de lancha. Eles tinham inventado um tipo de prancha chamada *knee-board* e perguntaram se meus filhos queriam experimentar. É claro que aceitaram.

Knee-board, como sugere o nome (*knee* = joelho, em inglês), é uma prancha na qual você desliza pela água, como no esqui aquático, só que ajoelhado. O difícil é se ajoelhar sem cair quando a lancha ganha velocidade.

Meu filho foi o primeiro a entrar na água com a prancha. Enquanto seus tios davam as instruções, ele remava na prancha até o final da linha presa ao barco e se agarrava bem. Em geral, o novato cai pelo menos umas três vezes até conseguir se ajoelhar na prancha, e esperávamos que ele levasse alguns tombos.

Quando ele se posicionou, a lancha começou a ganhar velocidade. Eu podia ver seu rosto a dezenas de metros de distância da lancha. Atento ao que estava fazendo, ele balançou um pouco quando a velocidade aumentou e, quando conseguiu ficar de joelhos, sorriu orgulhoso, deslizando pelas águas, meio sem equilíbrio mas sem cair.

Quando a volta terminou e ele subiu na lancha, perguntamos como ele tinha feito aquilo. "Não sei", respondeu. "Acho que só levantei o corpo." Fizemos outras perguntas, mas ele não deu nenhuma dica específica do método usado para se manter sobre a prancha com tanta facilidade.

É isso que ocorre com os que sofrem de DDA ou dislexia. Geralmente, atuamos melhor sem longas instruções. Atuamos melhor se tivermos chance de improvisar, de nos ajustar, de criar nossos próprios meios.

No mundo de hoje, esse tipo de pensamento pode ser um grande trunfo, pois não temos um manual escrito para muitas coisas da vida moderna. A capacidade de ler de trás para a frente, em termos literais ou figurativos, pode às vezes decifrar o código.

Se você insistir em instruções detalhadas, talvez nunca se permita inovar. Será bom para seguir recomendações, mas não para criar novas saídas. Mas pode tentar pensar como alguém que tem DDA ou dislexia. Jogue tênis de olhos fechados. Escreva um artigo começando pela última frase. Escreva instruções sobre um jogo que nunca jogou. Invente um jogo. Na próxima vez em que um pensamento o distrair, corra atrás dele em vez de voltar ao que estava fazendo. Na próxima vez em que algo "inapropriado" vier à sua cabeça, fale (mas é claro que não pode fazer isso em qualquer lugar). Vá fazer um passeio e se perca de propósito, e use seus instintos (sem bússola) para encontrar o caminho de volta. Na próxima vez em que alguém lhe pedir para fazer algo, pense que poderia fazer de modo diferente. Use sua outra mão na próxima refeição. Explique em uma frase como o trânsito poderia ser menos congestionado.

Todos esses exercícios nos forçam a abordar um trabalho sob novo ângulo, a chegar rapidamente aonde quisermos sem gastar muito tempo analisando, ou a confiarmos em partes de nossa cabeça nas quais em geral não confiamos. Todos esses exercícios nos levam a "pensar fora da caixa", frase atualmente muito usada por pessoas que não sabem o que significa e que nunca fizeram isso.

Pensar fora da caixa é natural para pessoas que têm dislexia ou DDA. Nosso problema é pensar *dentro* da caixa. É bom saber como pensar dos dois modos. O que a dislexia e o DDA têm a ensinar à população em geral é não só como administrar a pressa e a enxurrada, mas como pensar fora dessa famosa caixa.

Por exemplo, um dos maiores inovadores da aviação moderna é o presidente da JetBlue Airways, que tem DDA em alto grau. Como não consegue se lembrar dos detalhes, cerca-se de gente que lembra. Seu truque é criar novas idéias.

Foi ele quem inventou o bilhete eletrônico. E ele me disse o seguinte: "Quando tive essa idéia, as pessoas riram de mim, disseram que ninguém iria ao aeroporto sem uma passagem de papel. Mas fui adiante e a indústria fez uma economia de milhões de dólares."

"Considero meu DDA um grande trunfo, pois me dá uma capacidade fantástica de ver além de situações complicadas e encontrar a solução simples que ninguém mais consegue ver. É o talento que me distingue dos outros, e acho que isso se deve ao fato do meu cérebro ser ligado. A desorganização é um pequeno preço a pagar por ser capaz de pensar como penso. Não trocaria meu DDA por nada nesse mundo."

É claro que não adianta querer ter dislexia ou DDA. Essas síndromes são de nascença. Mas é possível aprender com essas pessoas que vale a pena tentar olhar para cada situação sob o maior número possível de ângulos: de cabeça para baixo, de fora para dentro, e assim por diante. Se você não conseguir fazer isso sozinho, preste atenção naqueles que conseguem. Não esqueça que pensávamos que o mundo era plano porque os olhos diziam que era, então nem sempre considere que o que vê é o certo. Às vezes uma idéia maluca muda a vida para melhor: como a idéia das pessoas irem para o aeroporto sem uma passagem de papel.

34

A solução suprema

Se neste livro ofereço soluções práticas para pessoas superestressadas, superocupadas, prestes a explodir, a solução suprema ainda está por vir. Está à espera de uma maior democratização e sofisticação da nossa tecnologia, sua aplicação imaginativa, do reconhecimento da necessidade urgente que o ser humano tem de relacionar-se e de sistemas imaginativos que as relações promovam.

No momento, como todos bem sabem, a tecnologia das comunicações eletrônicas levou a maioria das pessoas a trabalhar mais horas, e não menos, a assumir mais tarefas do que pode terminar em um dia, e a se arriscar a perder seu emprego quando as empresas em que trabalha fecham seus escritórios. Porém, à medida que ganhamos experiência com a tecnologia, e à medida que a própria tecnologia evolui e é aprimorada, ela oferece a possibilidade de um método inteiramente novo para solucionar problemas e a reconstrução, por novas formas, do que perdemos em termos emocionais e psicológicos.

Na verdade, a solução suprema nasce do problema atual, expandindo o próprio problema que enfrentamos diariamente a um ponto insuportável. No título deste livro usei a expressão *pres-*

tes a explodir. Mas o que acontece com as pessoas que realmente explodem? É nesse momento que entra a solução suprema.

Duas forças se combinaram para criar a vida sobrecarregada e atribulada que muita gente vive. Uma é de certa forma a imagem da outra. Por um lado, estamos superconectados eletronicamente. Apesar de todas as vantagens oferecidas, isso criou muitos dos fatores de estresse apresentados neste livro. Permitiu que ficássemos superocupados — na verdade, nos forçou a isso.

Por outro lado, à medida que nos tornamos superconectados eletronicamente, fomos nos desconectando interpessoalmente, criando uma sensação cada vez maior de isolamento no meio de pessoas superocupadas. Como disse um dos meus pacientes: "Gente, gente por todo lado, mas ninguém que eu conheça."

Seja a falta de tempo para cultivar suas amizades, para o jantar de família, para freqüentar clubes ou grupos que lhe interessam, para sair com seu cachorro, ir a um show ou a um jogo de futebol, discutir problemas e poder entender o ponto de vista do outro; a evidência da desconexão interpessoal é tão forte quanto a evidência da superconexão eletrônica.

A solução suprema será encontrada quando essas duas forças exercerem seu efeito máximo. Quando nos sentirmos tão desconectados que superaremos qualquer coisa e restabeleceremos uma vida em comunidade, quando alcançarmos nossa produção máxima e não pudermos seguir mais depressa nem fazer mais, teremos de aprender uma forma diferente. Sugeri certos caminhos para você aprender mais cedo, mas todos terão de aprender a dominar a tecnologia em vez de se deixarem dominar por ela; todos terão de aprender a fazer o que mais lhes interessa; e todos terão de encontrar formas de se conectar pessoalmente a fim de criar o estado emocional positivo, indispensável para uma vida melhor.

Os blogs são um exemplo bom e atual de como a tecnologia pode nos ajudar. Imagine ter milhões de pessoas disponíveis 24 horas por dia para resolver um problema. É isso que o blog oferece. Um problema pode ser apresentado e, dentro de algumas horas, milhões de pessoas podem oferecer seus conhecimentos, de engenharia, geografia, economia ou história. É claro que uns indesejáveis podem entrar também. Mas o acesso instantâneo a informações é muito útil, e muito mais importante ainda é o que milhões de cérebros humanos podem criar com as informações reunidas em um blog. Muito mais útil que o uso que fizemos do blog até agora.

Os blogs podem se tornar uma das ferramentas mais poderosas jamais inventadas para solucionar problemas. Pelo uso criativo de blogs, todas as cabeças pensantes e consultores aos quais nos acostumamos poderiam ceder lugar a uma sabedoria coletiva de milhões de cabeças pensantes, tudo produzido em segundos.

Imaginemos um milhão de pessoas eletronicamente conectadas. A forma como vivem hoje, correndo o dia todo, tentando loucamente cuidar de si, lutando com muitos dos mesmos problemas dos outros. Digamos que esses problemas pudessem receber nomes e ser colocados em um blog. Um milhão de pessoas poderiam examinar e propor soluções para cada um deles.

O blog é apenas um exemplo das muitas soluções que a tecnologia já forneceu ou que em breve fornecerá para os problemas que enfrentamos agora. Os problemas da pressa e da enxurrada — velocidade excessiva e sobrecarga de informações — podem ser solucionados se as tarefas forem mais bem distribuídas e se for desenvolvido um trabalho de equipe. Aqueles que trabalham juntos não só ajudarão a solucionar os problemas de pressa e enxurrada como também os problemas de preocupação, causados fundamentalmente pela desconexão social. Quando se sentem menos sozinhos, quando se sentem profundamente conectados com uma equipe, preocupam-se muito menos e pensam de forma muito mais criativa.

Em vez do individualismo severo, precisamos agora recorrer a um poder enorme de interdependência. Utilizando tecnologia para tirar proveito de um milhão — ou um bilhão — de mentes humanas de uma só vez, o poder de solução de problemas de todas essas imaginações combinadas nos impulsionará para a frente como nenhuma outra força já vista.

Como todos podem saber tudo instantaneamente, o mundo parecerá de novo uma pequena cidade, como a pequena Chatham, em Cape Cod, onde fui criado. Naquela época, na década de 1950, os telefonemas tinham de ser feitos através da telefonista. Uma grande fonte de fofoca na cidade.

Hoje, com o acesso instantâneo, será cada vez mais difícil se esconder. A privacidade terá de ser mudada. Mas o lado positivo é que começaremos a nos reconectar interpessoalmente e a desenvolver a sensação de interconexão, que tanta falta faz hoje, criando um mundo melhor para nossos filhos e para nós.

Poderemos nos conectar da forma mais poderosa possível, ligando nossa capacidade individual a um organismo, orgânico e não-orgânico, gigantesco, sobrecarregado e em constante evolução, acessado individualmente mas criado coletivamente.

O poder dessa interdependência nos levará às melhores soluções. Quando todos nós — ou pelo menos milhões de pessoas — conectarmos nossa capacidade mental, solucionaremos os problemas que parecem sem solução hoje — como o aquecimento global, a fome mundial, o terrorismo e os desastres naturais.

Encontraremos também meios de recriar a conexão humana nos bairros, ou qualquer que seja seu equivalente no futuro.

Encontraremos meios de nos reconectar interpessoalmente, fator essencial para nossa saúde e para a criação de confiança mútua.

Hoje estamos num período de fluxo. Acelerando, aparentemente fora de controle, solucionaremos os problemas que enfrentamos quando começarmos a pensar em conjunto.

35

Alegria diária: a recompensa por viver com mais calma

A melhor razão para aproveitarmos bem o tempo é que o tempo é um só, e se não for usado será tirado de nós. Se quisermos viver plenamente e aproveitar ao máximo nossa vida curta, é aconselhável viver com mais calma.

Em nenhum lugar deste livro, sugeri atrasarmos o relógio para tentar voltar a uma época passada, quando a vida era mais lenta. Mesmo que quiséssemos, isso não seria possível. E acho que não *deveríamos* querer. Precisamos aproveitar nosso mundo eletronicamente sobrecarregado e irrestrito. Mas, para aproveitar ao máximo esse mundo, e para não nos sentirmos superestressados, superocupados e prestes a explodir, para tornar a vida moderna melhor, temos de aprender a fazer primeiro o que mais nos interessa e a aproveitar cada minuto desse instante.

Caso contrário, estragaremos os melhores momentos da vida. Não notaremos os pequenos encantos de cada dia nem transformaremos as coisas banais em extraordinárias. A única forma de fazer isso é viver com mais calma. Vou terminar este livro apresentando um casal idoso que ilustrará o que quero dizer.

Às sete da manhã Moacir, conhecido como Moa, sai da cama e cutuca o ombro da esposa. Ela faz um gesto que mostra que está acordada. Moa levanta o corpo velho da cama, procura os chinelos e vai devagarinho ao banheiro. Reaparece uns vinte minutos depois, barbeado e cheiroso, e encontra os cereais onde sempre estão. Ele adora essa rotina. Como uma criança, fica olhando encantado para as bolinhas flutuando na tigela.

Ruth e Moa comem cereal, torrada, e tomam café e suco de laranja enquanto dão uma olhada nas manchetes do jornal, conversando sobre o que os espera naquele dia. Ruth, ainda de camisola, elogia a loção pós-barba de Moa, a mesma que ele usa há décadas, mas faz de conta que é nova e diz que ele está muito cheiroso. Isso se repete todo dia. Moa sentiria falta se ela não falasse da sua loção, e ela também.

Os dois se levantam da mesa e vão para o quarto, e Ruth, como sempre, ajuda Moa a escolher a gravata — ele é daltônico e não consegue escolher sozinho. Entre centenas de gravatas, Ruth escolhe uma, que diz que vai fazer com que ele pareça um milionário. "Não que você precise de alguma ajuda para parecer um milionário, mas é uma gravata bonita." Entrega a gravata para Moa e conversa mais um pouco enquanto ele dá o nó com todo o cuidado, um nó perfeito há anos e que conseguiria fazer ainda que estivesse em coma, um estado em que não está muito longe de entrar.

Moa tem oitenta anos e Ruth 78. São casados há 56 anos. Moram atualmente em uma casa de idosos, mas Moa ainda vai trabalhar todo dia, onde escreve os contratos de seguro para a mesma companhia que o empregou 52 anos atrás. Ele tem Alzheimer, e Ruth morre de pena de ver seu esquecimento aumentar a cada dia. Tem medo de pensar no dia em que ele tiver de parar de dirigir para chegar ao trabalho. Mas nem comenta sobre isso. Quer aproveitar cada momento de lucidez do marido.

Todo arrumado para passar o dia, Moa pega sua pasta. Ele e Ruth vão até a porta de mãos dadas e, antes de abrir a porta, Moa põe a pasta no chão e abraça Ruth. Beija-a sensualmente nos lábios e no pescoço, acaricia seu cabelo e cochicha para ela. Diz que a ama, passa a mão em um dos seus seios, depois no outro, e depois no seu traseiro. Ela dá um gritinho seguido de um "Mmmmm" e os dois se beijam com mais intensidade, como adolescentes. Fazem isso toda manhã. Já nem se lembram mais há quanto tempo fazem isso. Moa finalmente solta Ruth, pega a pasta, abre a porta e atravessa o longo corredor para chegar ao elevador. Como sempre, Ruth fica olhando da porta, e, como ele sabe que está sendo observado começa a dançar pelo corredor como Gene Kelly, em *Um americano em Paris*, girando em semicírculos, abanando a mão por cima da cabeça, passando de uma parede para a outra como se estivesse apaixonado.

Depois que ele entra no elevador, Ruth fecha a porta e abre a janela da frente para ver o carro de Moa sair do estacionamento subterrâneo. Quando ele passa, baixa a janela do carro e Ruth grita, "Eu te amo", e Moa responde "Eu também te amo", e sai para o trabalho com um largo sorriso no rosto enrugado e doce.

Isso é o que pode acontecer se vivermos com mais calma.

EDITORA RESPONSÁVEL
Izabel Aleixo

PRODUÇÃO EDITORIAL
Daniele Cajueiro
Jancy Medeiros

REVISÃO DE TRADUÇÃO
Rodrigo Peixoto

REVISÃO
Ana Julia Cury

DIAGRAMAÇÃO
Ana Carolina Merabet

Este livro foi impresso em São Paulo, em fevereiro de 2007,
pela Lis Gráfica e Editora, para a Editora Nova Fronteira.
A fonte usada no miolo é Minion, corpo 11,5/15,5.
O papel do miolo é pólen soft 70g/m², e o da capa é cartão 250g/m².

Visite nosso *site*: www.novafronteira.com.br